HISTOIRE

DE LA

PHILOSOPHIE ALLEMANDE.

OUVRAGES DE M. BARCHOU DE PENHOEN.

DESTINATION DE L'HOMME, par Fichte; 2e édition, 1 vol. in-8.
Prix, 7 fr. 50 c.

MÉMOIRES D'UN OFFICIER, SUR LA CONQUÊTE D'ALGER EN 1830;
1 gros vol. in-8. 7 50

GUILLAUME D'ORANGE ET LOUIS-PHILIPPE (1688-1830); 1 vol.
in-8. 7 50

UN AUTOMNE AU BORD DE LA MER; 1 vol. in-8. 7 50

SOUS PRESSE, DU MÊME AUTEUR.

PHILOSOPHIE DE SCHELLING; 2 vol. in-8.

PHILOSOPHIE DE KANT; 2 vol. in-8.

IMPRIMERIE DE MADAME HUZARD (NÉE VALLAT LA CHAPELLE),
rue de l'Éperon, n. 7.

HISTOIRE

DE LA

PHILOSOPHIE ALLEMANDE

DEPUIS LEIBNITZ JUSQU'A HEGEL,

PAR

LE BARON BARCHOU DE PENHOEN.

TOME SECOND.

PARIS,

CHARPENTIER, ÉDITEUR-LIBRAIRE,
31, RUE DE SEINE.

1836.

LIVRE IV.

SCHELLING.

ARGUMENT.

OPPOSITION A LA PHILOSOPHIE DE FICHTÉ.
BOUTERWECK, ETC.
TENDANCES VERS UNE DOCTRINE PLUS COMPLÈTE.
SCHELLING.
POINT DE DÉPART.
ENSEMBLE DU SYSTÈME.
De l'identité, ou de l'absolu. — Deux voies opposées où se développe l'absolu.

ESQUISSE GÉNÉRALE DU SYSTÈME.

DE L'ABSOLU
DU DÉVELOPPEMENT DE L'ABSOLU.

DU RÉEL.	DE L'IDÉAL.
De l'éther. — Des forces d'expansion et de contraction. — Du mouvement. — De la matière. — Des affinités chimiques. — Des fluides, électrique, magnétique, calorique et lumineux. — De leur mode d'action. — De l'air atmosphérique. — De la vie végétale et de la vie animale. — De l'organisation. — De la vie comme principe général. — De la polarité. — Des divers modes d'existence des choses. — De la vie subjective, et de la vie objective. — Du monde. — De la réalisation des idées.	La loi morale. — De la béatitude. — De la vérité. — De la science. — De la religion. — De l'art. — De l'état. — Opposition de la nature et de l'histoire. — De la nécessité de l'histoire. — Du droit. — De la réalisation du droit. — Du subjectif et de l'objectif dans l'histoire. — Trois périodes historiques : la *fatalité*, la *nature*, la *providence*. — Synthèse de la liberté et de la nécessité.
II	I

DE LA PHILOSOPHIE.

ARGUMENT.

CARACTÈRE GÉNÉRAL DE LA PHILOSOPHIE DE SCHELLING.

SUCCESSEURS DE SCHELLING :

Wagner. — Eschenmayer. — Stutzmann. — Klein. — Berger. — Solger. — Krause. — Steffens. — Oken. — Schleyermacher.

DE LA PHILOSOPHIE FRANÇAISE.

CARACTÈRE POLITIQUE DE LA PHILOSOPHIE DE LA NATURE.

LIVRE IV.

SCHELLING.

Admirable par la force de tête qu'il suppose chez son inventeur, plus admirable encore peut-être par les qualités héroïques qu'il développait chez ses sectateurs, le système de Fichte ne soutient cependant qu'avec peine un examen vraiment philosophique; il présente un grand nombre de lacunes et de côtés faibles.

Dans ce système, la raison humaine n'est plus qu'un mouvement progressif et continu;

elle se trouve dépouillée de ce qu'elle a en soi d'absolu, de vraiment divin. La connaissance n'a plus qu'un caractère purement négatif; l'absolu perd toute existence en soi. Un vain mécanisme du moi déterminant et du moi déterminé se substitue à la réalité; le moi empirique dépouillé de toute personnalité se confond avec la nature. La nature elle-même n'a plus ni persistance, ni permanence; elle devient quelque chose d'essentiellement fugitif, ce n'est plus qu'un phénomène qui se montre un instant pour disparaître l'instant d'après. L'univers matériel n'est plus qu'une forme, qu'une abstraction, qu'un composé de qualités purement accidentelles et contingentes, qu'un tout inerte et inorganique. La volonté humaine devient une tendance sans but et sans objet; le devoir une volonté stérile, incapable de se réaliser d'une façon quelconque. Le devoir lui-même est anéanti tout aussi bien que la science et la réalité.

D'ailleurs, c'est chose bien vaine que cette prétention de la science à anéantir le monde réel; malgré ses efforts, ce monde n'en existe et n'en existera pas moins pour nous. L'action, non la science, est le vrai but de l'homme sur la terre : nos facultés, nos passions, nos instincts, depuis les plus sublimes jusqu'aux plus grossiers, s'accordent à nous l'enseigner. Nous ne sommes pas nés pour couver oisivement notre pensée dans notre propre sein, mais pour la produire dans le monde extérieur, pour la réaliser, en un mot pour agir. Or, l'action n'est possible qu'avec la condition d'un théâtre extérieur. Otez ce théâtre, et l'impulsion qui nous porte à agir n'est plus qu'une odieuse ironie, notre vie s'écoule au sein d'une bizarre contradiction : la voix intérieure nous pousse à l'accomplissement du devoir, et nous savons que ce devoir ne peut être rempli; nous avançons vers un but qui se dérobe à nos yeux, nous marchons sur une terre qui croule sous chacun de nos pas......... Mais cela n'est ni ne peut être, et, dans plus d'un endroit de ses ouvrages, Fichte s'est lui-même laissé aller à la reconnaître.

Cette doctrine ne devait pas répondre pendant long-temps aux sympathies du public allemand; sa propre nature s'y opposait.

Excellente pour développer les qualités énergiques de la nationalité allemande, venue à temps pour repousser les envahissemens de l'esprit français, elle n'était, en définitive, qu'une immense négation : l'art, la religion, l'histoire demeuraient en dehors des abstractions de Fichte. Il était donc naturel qu'on s'en détachât, à mesure que se calmerait le mouvement politique auquel elle avait prêté son concours, offert son appui. Elle avait été en alliance, si je puis m'exprimer ainsi, mais elle n'était point en harmonie avec ces dispositions des esprits qui emportaient alors un grand nombre d'intelligences distinguées vers le moyen-âge, le catholicisme, les mystères de l'Orient, et les mettaient en quête de quelque nouveau système à la fois plus réel, plus vaste et plus complet. Nous nous occuperons tout à l'heure de ces tendances nouvelles ; mais d'abord disons un mot de ceux qui attaquèrent ou développèrent cette doctrine par son côté scientifique. Nous mettrons au premier rang Bouterweck, Krug, Bardili, Calker, Hernard, Reinhold, etc.

Dans son *Apodictique*, Bouterweck s'est

proposé de substituer le dualisme à l'unité de Fichte. Un objectif absolu lui paraît la condition nécessaire de toute connaissance subjective. Bouterweck divise son Apodictique en logique, logique transcendentale et logique pratique; trois parties qui correspondent aux trois principales facultés de l'ame, la pensée, le jugement, la volonté. L'être, l'être absolu est pour lui la base, le fondement, la condition nécessaire de la pensée, du jugement, de la volonté; c'est l'opposé de la doctrine du moi. En même temps, il considère pourtant l'objectif et le subjectif comme déterminés par une virtualité absolue, sous ce rapport, comme un. Cette virtualité embrasse à la fois nous et le monde, le monde et nous; elle nous enseigne l'univers; non pas toutefois au moyen de notions et de raisonnemens; elle ne nous y conduit pas comme à une conclusion venue à la suite de beaucoup d'autres; elle nous l'enseigne au contraire immédiatement, elle nous le révèle au moyen de cette même force qui fait notre être et constitue notre nature intellectuelle. L'homme est une virtualité finie, et, par ce côté, en opposition avec cette virtualité par elle-même infinie. En raison de son instinct, l'homme cherche à s'élever à la connaissance du tout, ou de Dieu; mais il ne lui est pas donné d'arriver à cette connaissance, au moins dans les conditions actuelles de son existence.

Krug (dans son nouvel *Organon*) nie l'unité de l'idéal et du réel, du subjectif et de l'objectif; à cette unité essentielle, fondamentale, que voit en eux la doctrine de Fichte, Krug veut substituer une unité synthétique, passagèrement établie au sein de la conscience, en raison de notre activité intellectuelle. Suivant Krug, la pensée ne saurait exister sans l'être; le moi primitivement et nécessairement est lié à un monde. D'ailleurs, cette union demeure incompréhensible et n'implique nullement leur unité essentielle : « Dans notre conscience, dit Krug, il se fait une transcendentale synthèse entre le réel et l'idéal, entre l'objectif et le subjectif; mais cette synthèse est inexplicable : car, pour l'expliquer, il faudrait nécessairement commencer cette explication par un terme ou par un autre; il faudrait donc séparer ce terme de l'autre terme; dès lors se trouverait détruite la synthèse elle-même. »

Bardili, professeur à Stuttgard, fit une autre tentative pour faire de l'absolu le fondement de la philosophie. Prenant son point de départ dans la pensée, il donnait la logique pour base à son ontologie. Le premier, entre les philosophes de notre époque, il imagina de chercher dans la pensée en soi une réalité existante; mieux encore, il voulut voir dans la pensée humaine la substance même de Dieu. Suivant Bardili, la pensée n'est ni sujet, ni objet, ni relation de l'un à l'autre : elle leur est supérieure, elle est leur élément commun; elle est tout à la fois déterminante et déterminée, principe de détermination et objet déterminé.

Calker, qui enseigna la philosophie à Bonn, appartient plus directement à l'école de Kant. Au point de vue de Calker, le but de la science consiste à unir à la croyance la connaissance formelle de la notion. Il considère la philosophie comme la connaissance du monde intérieur, par opposition à la connaissance du monde extérieur. La métaphysique est la science du vrai, du bon et du beau. La perception d'un objet extérieur au moyen de nos sens, ou bien la perception d'un résultat quelconque de notre activité, au moyen de nos sens intérieurs, constitue pour nous l'intuition. De ces deux sortes de perceptions, l'une engendre une intuition sensible extérieure, l'autre une intuition sensible intérieure. L'intuition pure est celle d'une unité synthétique, d'une simultanéité, c'est à dire de l'espace; l'intuition pure est encore celle de la successivité, c'est à dire du temps; les limitations de l'espace et du temps engendrent les intuitions de lieu et de durée. L'intuition empirique est celle de l'objet tel qu'il nous est livré par l'expérience, ou par la mémoire en l'absence de l'expérience. La notion est une pensée représentative de la connaissance sensible. Le plus bas degré de la connaissance est la perception immédiate; mais cette perception immédiate est elle-même de trois sortes; elle peut être matérielle, formelle ou transcendentale. La vérité consiste dans l'accord de la connaissance objective et de la notion subjective; la science est l'accord dans la conscience de la perception et de l'intuition, accord qui se rencontre aussi dans la croyance ; seulement la croyance se passe de la perception. La science a besoin de preuves, et les preuves de démonstration et de déduction ; elle s'acquiert par l'intuition pure, ou l'intuition empirique. Par elle-même, l'ame est essentiellement active ; elle se détermine et se modifie par elle-même ; le corps est tout au contraire inerte et dépourvu d'activité qui lui soit propre. L'activité humaine est sensible, noble, intellectuelle ; d'elle-même, elle tend au beau moral, elle se propose pour but le bon et le juste. L'accord fondamental du bien et du droit, sous l'empire des lois de l'esprit humain, constitue la philosophie morale. La morale est la science de toutes les lois, de toutes les prescriptions dont l'observance fait le prix et la dignité des actions humaines. Le devoir est la loi suprême de l'homme ; accomplir la loi du devoir, la promulguer, la proclamer sur la terre entière, c'est là le but de l'homme ; c'est à ce but que doivent tendre non seulement les plus importantes de ses actions, mais pour ainsi dire jusqu'à ses mouvemens les plus insignifians, jusqu'à son moindre souffle, jusqu'à ses pensées secrètes et intimes ; il n'en est pas une seule qu'il ne doive subordonner à la loi du devoir. C'est par cette seule voie que l'homme peut atteindre au bonheur; c'est aussi par ce seul moyen qu'au point de vue de Calker les vrais rapports des hommes entre eux, de l'homme à la société, peuvent être réalisés sur la terre; par là seulement l'homme pourra concourir efficacement à l'œuvre de Dieu.

Dans les autres branches de la science, nous voyons éclater ces tendances dont nous parlions tout à l'heure, et qui ne sont plus en harmonie avec les doctrines de Fichte. Frédéric Schlegel publie son livre sur la langue et la sagesse des Indous. Il part de l'hypothèse d'un peuple primitif, d'où seraient découlés sur le reste de la terre les arts, la science, la religion, la civilisation : il s'efforce de retrouver les traces d'une révélation primitive ; il en cherche les preuves, soit dans la contexture même du langage, soit dans l'organisation sociale des anciens peuples. Guillaume Schlegel, son frère, agit dans le même sens : il semble s'être proposé une sorte de réhabilitation philosophique et historique du moyen-âge. Dans ce but, il vante, il exalte la littérature espagnole, type le plus élevé de l'art catholique; noble littérature en effet, où les poëtes et les écrivains étaient en même temps gentilshommes et soldats, où la même main savait tenir la plume et l'épée ; où Ercilla écrit son poëme sous la tente où il se repose des fatigues et des combats de la journée; où Garciloso périt à l'assaut de Tunis, après avoir écrit de charmantes poésies d'amour; où Cervantès burine son poëme avec une main mutilée à Lépante; où Lope de Vega est un des guerriers de la grande Armada ; où Calderon, devenu prêtre, s'était montré hardi soldat dans les guerres de Flandre et d'Italie. Guillaume Schlegel traduit encore Shakspeare, cet autre écho du moyen-âge. Un poëte, Werner, s'était pris aussi d'un enthousiasme tout lyrique pour le catholicisme. Nulle part peut-être les misères de notre vie actuelle, la magnificence des temps écoulés, le besoin et le manque d'une croyance fixe, stable, d'une autorité sous laquelle plier, ne se trouvent plus énergiquement dépeints que dans les écrits de Werner : *Lu-*

ther, *Attila*, *La croix*, *sur la Baltique*, deux grands poëmes dialogués inconnus en France, même de nom, *les Fils de la vallée* et *les Frères de la croix* en sont d'admirables témoignages. Goëthe, par le calme de ses idées, par l'immensité de son horizon, était en harmonie avec l'avenir aussi bien qu'avec le passé. Depuis long-temps, Herder avait écrit le livre intitulé : *Idée pour servir à l'histoire de l'humanité;* ce livre, bien dépassé par les progrès des études, mérite pourtant un souvenir de l'historien. C'est le premier essai tenté de réalisation d'une philosophie complète de l'histoire, cette science de notre époque.

On sait l'histoire du comte Frédéric de Stolberg : né dans la religion réformée, il en fit abjuration et rentra dans le sein de l'église catholique. Ses anciens amis s'éloignèrent aussitôt de lui : c'étaient Klopstock, Woss, Jacobi. Woss, le plus rude traducteur qui ait jamais existé, le chantre idyllique du vénérable pasteur de Grünau, le vieux Woss, alors âgé de 70 ans, écrivit un petit livre intitulé : *Comment Fritz Stolberg devint un servile*. Le contenu de l'ouvrage était en rapport avec l'aménité du titre. Frédéric Stolberg garda le silence, mais il se vengea noblement : toutes ces amertumes ayant abrégé sa vie, on trouva dans ses papiers des vers où il exprimait son pardon de tant d'offense avec une douceur, une sérénité, un calme évangéliques. Après sa conversion, Stolberg écrivit une histoire de la religion du Christ. Dans ce livre, il débute par de nombreuses considérations sur les religions de l'Asie, sur leurs rapports avec le christianisme; il veut trouver un lien commun, une base, un fondement commun à toutes, et pour lui c'est le sacrifice. Il s'attache encore à prouver qu'il y a eu chez tous les peuples de la terre la tradition de la chute de l'homme, le souvenir d'un bonheur perdu. Il énonce enfin quelques unes de ces opinions, qui depuis ont acquis tant d'éclat sous la plume étincelante du comte de Maistre.

Les deux Schlegel, Louis Tiek, Novalis, Werner, Adam Muller, d'autres encore, des artistes, des peintres en grand nombre, étaient aussi rentrés dans le catholicisme. Ces conversions, celle de Schlegel surtout, furent attaquées avec une grande amertume. Le reproche habituel adressé à ces nouveaux convertis était d'abandonner la foi de leurs pères. Ils auraient pu répondre par un mot souvent cité : — Un protestant disait à un catholique qui le pressait d'abjurer : « Ne voyez-vous pas que les os de mes pères se leveraient de terre pour m'empêcher de suivre votre conseil ? — Creusez un peu plus avant, répondit le catholique, et vous trouverez ceux de leurs pères à eux qui vous l'ordonnent. » Au reste, nous devons nous tenir éloignés de toutes ces questions plus ou moins personnelles, devenues d'ailleurs fort oiseuses pour notre époque : c'est l'histoire des idées, non la biographie de quelques hommes, que nous nous proposons de retracer. Mais nous devions indiquer ce retour au catholicisme ; nous devions de même signaler ce nouvel enthousiasme pour le moyen-âge et pour l'Orient; tout cela dénote que certaines tendances des esprits n'étaient plus en harmonie avec la doctrine de Fichte. C'est la preuve que la doctrine de Fichte n'embrassait pas dans son entier l'esprit allemand : qu'il lui échappait par tous ces côtés.

Cette sorte de réaction contre la philosophie de Fichte avait sa source dans ce caractère de négation générale que nous lui avons attribué. Son importance était bien moindre et, pour ainsi dire, presque nulle par ses côtés positifs. Ainsi que nous l'avons dit, elle différait peu de la méthode critique de Kant; elle n'était guère que la philosophie même de Kant considérée, dans sa partie subjective, par son côté idéaliste. Elle avait réhabilité, ressuscité le stoïcisme antique, et par là s'était trouvée merveilleusement en harmonie avec le grand mouvement de résistance de la Prusse. Mais le moment vint où cette exaltation fébrile se calma; les esprits sérieux et méditatifs se tournèrent dès lors vers autre chose que la méthode et le criticisme, ils demandèrent à la science quelque chose de plus substantiel. C'était à qui sortirait le plus tôt des limites de l'espèce de protestantisme religieux qu'avait fondé Kant, c'était à qui s'en éloignerait davantage. On voulait se prendre à l'immense, à l'infini, surtout au réel. On croyait ne jamais descendre assez vite de ces montagnes escarpées de l'abstraction où nous avait conduits Fichte ; on se sentait pris du vertige aussi bien que sur les montagnes de notre globe. On attendait avec une ardente impatience la philosophie nouvelle qui devait enfin mettre en fuite ces abstractions sans réalité, ces fantômes sans consistance, ces ombres sans corps, au milieu desquels on avait si long-temps vécu. La philosophie de Fichte ne pouvait satisfaire en rien ces nouveaux besoins de l'intelligence.

La philosophie de Schelling répondit à cette nouvelle phase de développement intellectuel de l'Allemagne. Par la nature de son génie, nul homme n'était moins disposé que Schelling à demeurer long-temps emprisonné dans les limites resserrées du criticisme. Partant du point de vue transcendant de la philosophie de Kant, il ne devait pas tarder à s'envoler bien au delà sur les ailes de la spéculation. Ainsi que Platon, lui aussi était prédestiné à visiter ces hautes sphères de l'intelligence où ne conduisent ni l'observation, ni l'expérience, ni l'analyse. En même temps Schelling prend pourtant possession de l'univers matériel et visible. C'est que dans sa philosophie l'intelligence humaine s'est tout à coup élevée, agrandie. Grâce à une faculté merveilleuse à laquelle elle se confie, grâce à la faculté de l'intuition, excitée, aiguillonnée par la volonté, la philosophie nouvelle s'élève au dessus du monde phénoménal et apparent ; elle arrive à la compréhension des lois de l'univers ; elle descend dans l'intimité des essences, elle pénètre jusque dans les entrailles de l'être en soi, pour s'expliquer les formes multiples, les déguisemens variés que tour à tour il revêt ; elle sait voir le multiple dans l'unité, l'unité dans le multiple, afin de le concevoir, d'identifier à l'univers.

Admirable effort de l'esprit humain, auquel viennent simultanément concourir les facultés les plus diverses !

Développement harmonique de l'intelligence dans sa plénitude, où viennent se confondre dans un même objet les subtilités les plus raffinées de l'analyse et les inspirations les plus hardies, j'oserai dire les plus téméraires de l'imagination !

POINT DE DÉPART.

Toute connaissance suppose deux termes, dont cette connaissance est le lien : l'un de ces termes est la représentation dans l'intelligence d'une chose hors de l'intelligence ; l'autre est la chose même dont celui-ci est la représentation. On appelle ordinairement subjectif l'ensemble des choses représentées. La connaissance, considérée d'un point de vue général, pourrait donc être définie : l'ensemble des points de contact qui existent entre l'intelligence et la nature, entre le moi et le monde, entre le subjectif et l'objectif. Mieux encore : dans la connaissance, ces deux ordres de choses se pénètrent pour se confondre, en quelque sorte, en une commune identité. Aussi, pour analyser la connaissance, qu'a-t-on fait jusqu'à présent? On l'a décomposée, on l'a réduite à ses élémens intégrans ; puis, examinant séparément les deux termes qui concourent à la former, on a étudié séparément ces deux termes ; on a, en outre, étudié les conditions sous l'empire desquelles tous deux s'unissent l'un à l'autre. On a pu étudier d'abord cette partie de la connaissance fournie par le moi ou bien cette autre partie fournie par le non-moi. En partant du premier terme, il a fallu venir aboutir à la nature, au monde extérieur ; en partant du second, il a fallu, au contraire, aboutir au moi, à l'intelligence.

Cela devient évident pour celui qui considère la marche et la tendance de la science. Voyez, par exemple, les sciences dont le point de départ est l'observation de la nature : ces sciences tendent à généraliser de plus en plus les rapports qui existent entre les choses et les phénomènes ; quant à ceux-ci (choses et phénomènes), elles en font de plus en plus abstraction : elle ne voyait la nature que dans ces rapports généraux que nous venons de mentionner. A ce point de vue, la nature n'existe bientôt plus que dans ses lois les plus générales. Arrivées là, les sciences naturelles font un nouvel effort : elles tendent à prouver l'identité de ces lois générales de la nature avec les lois de l'intelligence humaine. Leur tendance constante a donc été de spiritualiser, pour ainsi dire, de plus en plus la nature matérielle. Les sciences dont le point de départ est dans l'intelligence, dans le moi, font, en revanche, tout le contraire : ces sciences étendent de cas en cas, d'analogie en analogie, les lois de l'intelligence humaine ; elles tendent à trouver l'identité de l'intelligence et de la nature extérieure; elles tendent à matérialiser le moi en l'objectivant dans la nature extérieure, en l'étendant sur le monde entier.

Par ces deux voies opposées, la science tend donc à un but commun ; par ces deux moyens contraires, elle s'efforce également d'établir l'identité du moi et du non-moi. Les sciences de ces deux classes partent donc également de ce principe, ou l'admettent implicitement, savoir : que les lois de la nature doivent se retrouver immédiatement au dedans de nous comme lois de la conscience ; réciproquement, que les lois de la conscience se retrouvent, comme lois de la nature, dans le monde extérieur, où elles se sont pour ainsi dire objectivées. Il est donc également loisible à la spéculation pure ou de déduire toute chose du moi, de montrer comment l'objectif est sorti du subjectif, comment il en a, pour ainsi dire, été expulsé par une activité propre à celui-ci ; ou bien encore de prendre la marche opposée, c'est à dire de faire sortir le subjectif de l'objectif, de montrer comment il n'en est que la création, que le produit. La première solution du problème constitue l'idéalisme, la philosophie de l'esprit ; la seconde le naturalisme, la philosophie de la nature ; c'est là du moins l'œuvre à l'accomplissement de laquelle s'efforcent d'arriver ces deux sortes de sciences, malgré l'opposition de leur point de départ. Mais cette œuvre, elles ne l'ont point entièrement accomplie. Les procédés de l'entendement sont impuissans à nous montrer comment le monde extérieur sort de l'intelligence ; d'ailleurs le sens commun repousse énergiquement cette conclusion, que tous les efforts de la logique ne peuvent lui faire accepter. D'un autre côté, nous ne pouvons nous résoudre à voir dans notre être intellectuel, dans le moi, le produit, la créature du monde extérieur. Ici encore le sens commun se révolte : il ne peut se soumettre à la supposition d'une substance active et intelligente qui sortirait d'une substance passive et s'ignorant elle-même.

Mais cette double difficulté par elle-même n'est peut-être pas insoluble; une philosophie plus élevée que le naturalisme et l'idéalisme, une philosophie qui les dominerait tous deux, pourrait peut-être en donner une satisfaisante solution. C'est ce que se propose la philosophie de Schelling.

Le naturalisme et l'idéalisme perdant peu à peu leur différence, leur opposition, viennent au sein de la philosophie de Schelling se confondre en une identité commune. Au dessus de la nature et du moi il est, en effet, quelque chose encore : l'absolu. Au sein de l'absolu se trouvent anéantis le moi et le non-moi, le subjectif et l'objectif, l'esprit et la matière, par conséquent toutes les autres sortes d'oppositions découlant de cette opposition fondamentale, radicale. Or, en raison d'un fait primitif inexplicable pour nous, d'une impression première et qui nous demeure cachée, le moi et le non-moi, le subjectif et l'objectif, l'esprit et la matière, se dégagent du sein de l'absolu; l'un et l'autre vont parcourir, chacun de leur côté, une série de transformations et d'évolutions; pendant leur durée, l'un nous apparaît comme nature, l'autre comme esprit, comme intelligence. La philosophie de la nature considérera l'absolu sous cette première forme ; la philosophie de l'intelligence, ou l'idéalisme, sous la seconde ; mais les considérations portant sur l'absolu étudié en lui-même, les considérations ayant pour objet l'identité cachée au fond de ces deux sortes de philosophie, constitueront une philosophie plus élevée que toutes deux. Ce sera la philosophie de l'absolu, ou bien encore, pour employer une autre expression de Schelling, l'idéalisme transcendental. Or, cette philosophie domine tout le système de Schelling, elle en est la clef de voûte ; on peut dire encore qu'elle est l'anneau auquel Schelling s'est efforcé de venir rattacher ces deux chaînes de la science humaine dont l'une embrasse le monde matériel, l'autre le monde moral.

Il y a donc bien réellement dans la philosophie de Schelling trois parties distinctes, qu'il est à propos de différencier, ou, pour mieux dire, trois philosophies différentes : la philosophie de l'absolu, la philosophie de la nature, la philosophie de l'intelligence. Quant au point de départ, quant au point de vue dominant l'ensemble du système, répétons-le, ce sera cette identité du subjectif et de l'objectif, de l'idéal et du réel, de l'existence et de la connaissance.

Les philosophies parties des deux ordres de considérations que nous avons signalés tendaient à se confondre dans cette commune identité; c'était comme un même but vers lequel elles se dirigeaient par côtés. Or Schelling, lui, a pris ce but pour point de départ.

Mais, comme il s'établit d'abord au point de vue logique, ce n'est point sous les formes de l'opposition que nous avons signalée tout à l'heure qu'il cherche cette identité qui doit faire le fond de toute opposition; cette identité, il la recherche au fond de cette autre opposition qui se trouve entre la connaissance et l'existence : car à son point de vue, celle-ci aussi se résout au sein de l'absolu. A ce point de vue, l'absolu se sait parce qu'il est; il est ce qu'il se sait, il se sait ce qu'il est. A ce point de vue, la science n'est plus seulement ce qu'elle est dans les autres systèmes, c'est à dire un lien passager entre le subjectif et l'objectif ; elle ne repose pas uniquement sur une éphémère identité ; tout au contraire, sur une identité radicale, essentielle, nécessaire, identité dont l'homme a nécessairement conscience. Un acte intellectuel, auquel concourent implicitement et immédiatement le subjectif et l'objectif, produit ce résultat. Schelling exprime cette identité absolue par la formule $A=A$. Dans cette formule se trouve, en effet, exprimée toute identité considérée du point de vue logique ; au fond de cette proposition se trouve l'identité radicale, essentielle, absolue de toutes choses. Mais dessous de la diversité apparente, relative des choses, se trouve encore une identité relative : cette identité sera exprimée par la formule $A = B$. Ces deux propositions embrassent à elles seules toutes les faces possibles de l'identité ; elles résument, en outre, par leurs formes même, tous les cas possibles d'opposition.

Au centre du système soit donc l'absolu ; soit encore que cet absolu, sortant de son inertie première, se développe à travers une série d'évolutions diverses revêtant successivement les formes les plus variées.

DE L'ENSEMBLE DU SYSTÈME.

L'absolu est l'identité du subjectif et de l'objectif, du moi et du non-moi, du réel et de l'idéal, de la connaissance et de l'existence, de l'unité et de la pluralité, de la forme et de la matière, etc., etc., etc. A travers l'innombrable multitude de transformations qu'il subira, l'absolu ne pourra cesser de demeurer identique à lui-même. Telle ou telle quantité multipliée par elle-même s'élève successivement aux plus hautes, aux plus diverses puissances; elle n'en demeure pas moins (à certains points de vue) identique à elle-même; elle est toujours la quantité primitive, la quantité génératrice de toutes ces autres quantités, elle est leur racine commune; elle se retrouve identique à elle-même au sein des quantités qui par leur quotité semblent en différer davantage. La langue algébrique rend out cela en quelque sorte visible et palpable.e tA étant donné, le carré de A sera A^2, 1 cube A^3, les puissances supérieures A^4, A^5, A^6, etc. Or, toutes différentes que soient entre elles les quantités représentées par A^2, A^3, etc., on voit toujours en A leur racine commune ; elles ont beau croître et grandir, elles n'en tiennent pas moins à cette racine; elles n'en demeurent pas moins identiques à cette racine.

A, A^2, A^3 représentent des quantités tout à la fois identiques et diverses : identiques quant à la racine, diverses quant aux puissances auxquelles elles sont élevées. On peut, jusqu'à un certain point, leur trouver identité d'essence, diversité de formes.

Or, l'absolu est le fondement et la racine de toutes choses, tout comme A est le fondement et la racine des puissances A^2, A^3, etc. Les formes diverses sous lesquelles nous l'apercevons pourront être considérées comme les puissances auxquelles il se trouve élevé par son développement progessif. Dans ce mouvement il tourne et pivote sur lui-même, se multiplie par lui-même.

Dès l'origine de ce développement, l'absolu entre immédiatement dans deux voies opposées. Dans ces deux voies l'absolu subit d'innombrables transformations ; identique à lui-même, comme nous ne cessons de le répéter, il revêt successivement une multitude de formes opposées. Toute transformation subie par lui, dans l'une de ces voies, correspond nécessairement à une de ses autres transformations dans la voie opposée : toujours l'absolu, il devient l'absolu élevé à telle ou telle puissance. Les deux voies dans lesquelles se déploie l'absolu, ce sont l'idéal et le réel, la connaissance et l'existence, le subjectif et l'objectif. Or, voici les puissances de l'absolu dans le réel et dans l'idéal : dans le réel, en première ligne, la pesanteur de la matière ; en seconde, la lumière et le mouvement ; en troisième, la vie et l'organisme, etc. Dans l'idéal, en première ligne, la vertu et la science ; en seconde, la bonté et la religion ; en troisième, la beauté et l'art, etc. L'univers est l'ensemble et la combinaison des puissances réelles de l'absolu ; l'histoire, l'ensemble et la combinaison de ses puissances idéales. Les lois de l'univers sont un reflet des lois auxquelles obéit l'absolu dans son développement au sein de la réalité; les lois de l'histoire, un reflet des lois de ce même développement au sein de l'idéal.

Les puissances du réel, au bout de leur développement, viennent se résumer dans l'homme; l'humanité est le dernier complément du monde; elle est comme la couronne de la nature. Comme l'ont dit les anciens, l'homme est microscome, l'homme est le monde en abrégé. De leur côté, les puissances de l'idéal vont de même aboutir à un dernier développement qui correspond à celui-là : c'est l'état. Ce qu'est l'homme ou l'humanité, dans la sphère du réel, l'état l'est dans celle de l'idéal. L'état est la dernière borne atteinte par le libre développement de l'absolu dans l'idéal; il est le résumé, la mise en jeu de toutes les puissances de l'idéal, la combinaison la plus sublime à laquelle il leur soit donné d'atteindre sur cette terre.

Une faculté existe au moyen de laquelle il est donné à l'intelligence finie de s'élever jusqu'à la connaissance de toutes ces choses; au moyen de cette faculté, franchissant la double échelle de l'idéal et du réel, l'intelligence peut remonter jusqu'à la connaissance de l'identité absolue. Cette faculté, c'est la raison; cette dernière connaissance à laquelle elle nous conduit, c'est la philosophie, car la philosophie est un retour de l'absolu sur lui-même. Au dernier terme de son développement, l'absolu fait un effort pour se saisir, se savoir, se comprendre en tant qu'absolu, en tant que suprême identité; il a conscience de cet effort, et alors apparaît la philosophie.

Or, ce que nous venons de dire peut se résumer plus succinctement encore dans le tableau suivant :

ABSOLU.
Suprême identité.

DÉVELOPPEMENT SIMULTANÉ DE L'ABSOLU.

RÉEL.	IDÉAL.
Puissances du réel.	Puissances de l'idéal.

RAISON
ou
PHILOSOPHIE.

Telle est l'idée fondamentale de Schelling, idée qui demeure toujours la même sous les transformations les plus diverses. Une formule algébrique étant donnée, on peut en changer successivement toutes les lettres; ces lettres exprimeront tour à tour les quantités les plus différentes; la formule n'en demeure pas moins toujours identique à elle-même, rien n'est changé dans les rapports qu'elle exprime. Il doit en être ainsi de l'idée fondamentale de tout système philosophique vraiment digne de ce nom : elle en est l'élément générateur ou intégrant; elle est, dans ces édifices de la pensée, ce que sont, dans nos monumens de l'art, le plein-cintre ou l'ogive.

DE L'ABSOLU.

L'être et le connaître sont un. Toutefois, l'être constitue l'essence même des choses, c'est l'intérieur de l'absolu, dont la connaissance est l'extérieur.

L'identité absolue n'existe pour nous que sous la forme $A = A$; c'est la seule face sous laquelle il nous soit donné de la concevoir.

Mais sous cette forme se trouve contenu l'inconditionnel, l'infini, l'expression la plus élevée de l'identité logique. De même que tout tient à l'absolu, que tout a sa racine dans l'absolu, cette proposition, qui en est l'expression complète dans l'ordre logique, peut être considérée comme la base et la racine de la science humaine. Or, dans cette proposition, le sujet A et le prédicat A sont immédiatement donnés avec l'absolue identité elle-même. A ne saurait être sujet ou prédicat d'une manière conditionnelle, il l'est d'une manière nécessaire et absolue; ni l'un ni l'autre de ces deux termes ne saurait être séparé de celui qui lui est opposé; entre eux il n'est pas de disjonction possible. L'absolue identité n'existe donc que sous forme d'identité absolue, elle est la forme invariable de l'être absolu. Au point de vue logique, elle est encore comme absolue raison. La connaissance première de l'absolue identité se déduit donc immédiatement de l'existence de l'absolu. Tout ce qui est, considéré en soi d'une manière absolue, est l'absolue identité elle-même; tout ce qui est manifeste donc l'identité absolue;

l'identité absolue est la forme même de l'essence des choses, car la forme des choses manifeste l'identité, comme absolu. En dehors de la science de l'identité absolue, ou de l'absolu, il n'y a donc pas de science possible ; la science, considérée dans ce qu'elle a d'un, de fondamental, d'inconditionnel, n'est elle-même que l'absolu considéré par rapport à sa forme. L'absolue identité se connaît en effet elle-même, elle se sait absolue identité ; sa forme est inséparable de son essence. Donc aussi la science de l'absolue identité est infinie, tout aussi bien que l'absolu lui-même ; la forme de l'être ne saurait manquer d'être infinie, aussi bien que l'être lui-même.

A quelle condition l'identité absolue peut-elle se savoir infinie ? A cette seule condition de se poser infiniment elle-même comme sujet et comme objet ; deux formes différentes, mais sous lesquelles persiste l'identité de l'être absolu ; en d'autres termes, elle est quantitative, non qualificative.

Ce qui est conçu comme existant en dehors de la totalité constitue les choses. Ces choses ne sont point en soi, elles sont seulement des apparences, elles existent en raison de leur quantitative différence. Leur ensemble ou leur totalité forme l'univers. On peut encore dire qu'elles sont le résultat des différentes combinaisons de l'idéal et du réel. En tout et partout se retrouve, en effet, cette même force évolutive qui a produit et qui maintient l'univers, mais qui s'allie tantôt à tel degré du réel, tantôt à tel degré de l'idéal. C'est peu dire d'ailleurs : à celui qui a su s'élever jusqu'à la contemplation de l'identité absolue, à celui-là elle apparaît comme être inconditionnel, étant parce qu'elle est, non seulement comme cause créatrice de l'univers, mais comme l'univers lui-même; car ce qui est n'est autre chose que l'absolue identité elle-même. L'univers est donc éternel, car l'univers est la forme de l'absolue identité. Dans chacune des portions de l'univers elle demeure indivisible et indestructible. Rien de ce qui est ne saurait être anéanti dans son essence; mais aussi rien de ce qui est ne saurait avoir en soi la cause de son existence; toute chose est produite, limitée, déterminée par une autre chose.

La différence quantitative est le fondement du fini, l'indifférence quantitative est le fondement de l'infini. Or, de même que la proposition $A = A$ est l'expression générale de l'identité ou de l'indifférence du fini et de l'infini, l'expression générale de la différence quantitative, par conséquent le fondement du fini, sera $A = B$. Chaque chose déterminée est une forme déterminée de l'être absolu ; elle n'est pas cet être lui-même, qui ne saurait exister que dans leur totalité.

De même qu'elle est dans tout, l'identité absolue se retrouve donc aussi dans chaque être. Sans être l'absolu lui-même, tout être créé n'est pas moins absolu ; il est une totalité.

DU DÉVELOPPEMENT DE L'ABSOLU.

Nous l'avons dit, les différences quantitatives sont le fondement du fini ; c'est par elles que dans l'unité ou la totalité de l'univers il existe des choses diverses, multiples ; à prendre le mot d'après la définition que nous en avons donnée, elles constituent les puissances de l'absolu.

Chacune des puissances finies est le produit de deux facteurs opposés, or on peut considérer ces deux facteurs comme étant l'un positif, l'autre négatif; cette opposition est la plus radicale qu'il soit possible de concevoir. Dans la proposition $A = B$, forme générale du fini, A est le facteur limitatif ou négatif, B sera au contraire le facteur positif. On voit que, d'après la forme même de la proposition, B est, en effet, l'objet primitivement existant, l'objet illimité, mais limitable; A, au contraire, est considéré comme cause limitatrice de l'objet B. Bien entendu qu'en soi, considérés indépendamment de leurs rapports, ces deux facteurs sont également un, identiques à eux-mêmes, infinis; de sorte que dans chaque portion du tout A et B se trouvent confondus dans une identité commune. Mais tous deux sont toujours en proportions différentes dans chacun de ces objets : tantôt il y a plus, tantôt moins de positif; tantôt plus, tantôt moins de négatif; circonstances qui peuvent se peindre aux yeux par un symbole visible. Imaginez une ligne dont A et B seront les deux extrémités, les deux pôles opposés; à un point quelconque de cette ligne supposez un objet quelconque : les quantités relatives du positif, de l'objet pourront être exprimées par les distances diverses où il pourra être tour à tour du point A; les quantités relatives le seront, au contraire, par les différentes distances où il sera successivement du point B. Alors le milieu de la ligne exprimerait que ce facteur se trouve à une égale distance des deux points : ce serait le point où il y aurait égalité entre les influences contraires des extrémités de la ligne ; ce serait l'expression de l'être en général, de l'identité, ou de l'indifférence absolue. Considérés par rapport à leur situation sur la ligne, A et B sont appelés pôles ; considérés dans leur action sur l'objet, ils sont appelés facteurs.

Considérez ainsi toute puissance de l'absolu comme le produit de deux facteurs, l'un positif, l'autre négatif. Supprimez le facteur négatif, il n'y a plus rien de limité; supprimez le facteur positif, il n'y a plus qu'une négation, c'est à dire rien, c'est à dire le néant. Se font-ils équilibre, il y a au contraire tout à la fois positivité et négativité, il y a synthèse du négatif et du positif; c'est le point où se touchent, où se confondent les deux facteurs opposés. C'est le milieu de la ligne, allant d'un pôle à l'autre. Par ces considérations et celles précédentes, l'identité absolue pourra donc être représentée sous la figure suivante :

$$+ A = B - A = B +$$

L'indifférence absolue, ou l'identité complète, se trouve au milieu de la ligne ainsi tracée. Mais il faut se représenter, en outre, ce point d'identité comme se mouvant en quelque sorte le long de la ligne, tantôt s'approchant de A, tantôt s'approchant de B; car il y a identité relative partout où il se fait une fusion, une synthèse déterminée de la subjectivité et de l'objectivité.

Cette formule est le verbe philosophique au moyen duquel Schelling crée son système; c'est la parole toute-puissante, le fiat merveilleux d'où sortent le monde réel et le monde idéal : écoutons-la au moment où elle retentit pour la première fois.

DU RÉEL.

Avant la création, l'éther remplissait l'espace comme un océan sans rivages ; la pesanteur, la matière, la lumière, le mouvement, l'organisme, la vie, le système du monde, l'homme enfin, l'homme représentant et résumant le monde, l'homme microscome, rien n'était, mais tout était en puissance d'être. C'est alors que retentit la parole divine.

Au son tout-puissant de la parole créatrice, les molécules matérielles durent se mouvoir en tout sens, dans toutes les directions. Elles obéirent d'abord à une force d'expansion, mais elles ne pouvaient obéir indéfiniment à cette force unique ; si cela eût été, la cohésion, la continuité de parties n'auraient été nulle part ; les molécules matérielles se seraient perdues dans l'immensité sans limites, sans que la matière existât. Mais une seconde force venant à se manifester, entre en opposition avec cette première force ; car celle-ci était une force de contraction. Chacune des molécules matérielles soumises dès lors à l'action de ces deux forces dut s'arrêter au point de l'espace où toutes deux se trouvaient en équilibre. Il arriva de là que les molécules finirent par remplir tels ou tels lieux déterminés de l'espace ;

le lien, la cohésion s'établirent entre elles; la matière parut. Toutefois, comme l'équilibre ne s'était établi entre ces forces opposées qu'à des conditions différentes, il arriva que la cohésion, la continuité de parties n'existèrent de même qu'à des conditions diverses; qu'en conséquence la matière revêtit différentes formes, manifesta des propriétés diverses.

A tout mouvement en ligne courbe (et le mouvement en ligne droite peut se ramener à celui-ci au moyen de la considération de l'infini) concourent deux forces : l'une éloigne le corps d'un centre donné, l'autre le rapproche de ce centre. En même temps qu'un corps en mouvement tend à s'éloigner de tel ou tel point de l'espace, il arrive que cette tendance est sans cesse annulée; à peine commence-t-il à parcourir une ligne droite, que cette ligne est incessamment brisée. On reconnaît là la force d'impulsion et la force d'attraction; leur combinaison fait la persistance, la durée, l'harmonie du monde. Suspendez-vous, par la pensée, la force d'attraction, s'échappant par la tangente de leur orbite, les planètes vont se perdre au sein de l'infini; suspendez-vous la force d'impulsion, toutes se précipitent vers un centre commun, pour s'aller briser et dissoudre en un immense chaos.

La matière persiste-t-elle dans son état, il en faut conclure l'équilibre entre les forces qui la constituent. Mais incessamment cet équilibre se trouve troublé, rompu. C'est ce qui s'observe entre autres dans les phénomènes que nous présentent les combinaisons chimiques. Deux matières douées d'affinités chimiques se trouvent-elles en contact, de nouvelles propriétés, qui n'existaient pas dans le moment qui a précédé ce contact, qui n'existeront plus dans celui qui le suivra, de nouvelles propriétés, dis-je, se développent simultanément dans l'une et l'autre de ces matières. Or, ces propriétés, que sont-elles ? Elles sont les manifestations extérieures des efforts cachés, des vacillations invisibles au moyen desquels les forces opposées tentent de se remettre en équilibre, sous d'autres conditions que celles où naguère elles se trouvaient. Un moment arrive, en effet, où cet équilibre trouvé, le repos succède au conflit que nous indiquons. Mais dans ce conflit, les forces opposées, dans leurs efforts mutuels pour se combattre, n'en ont pas moins franchi les limites au dedans desquelles elles étaient primitivement enfermées; elles se sont emprisonnées dans de nouvelles limites. En d'autres termes, des deux matières mises en contact est résultée une matière nouvelle, matière revêtue de formes, douée de propriétés différentes des formes et des propriétés des deux matières dont elle a été engendrée. Toute combinaison chimique manifeste donc sur un infiniment petit théâtre ce qui se passe en grand, sur de gigantesques proportions, dans le grand théâtre de la création.

Les forces primitives de la nature, au nombre de quatre, sont les fluides électrique, magnétique, calorique et lumineux. Le fluide électrique, comme personne ne l'ignore, se décompose en deux autres fluides, l'un positif, l'autre négatif; tous deux s'éveillent, s'appellent et disparaissent simultanément; ni l'un ni l'autre ne sauraient exister isolément. Le même phénomène est également visible dans le fluide magnétique. La philosophie de la nature admet, en outre, qu'il existe de même dans les fluides calorique et lumineux; elle les admet composés tous deux de deux élémens intégrans non pas seulement distincts, mais opposés : le calorique, d'un calorique négatif et d'un calorique positif; le lumineux, d'un fluide lumineux positif et d'un fluide lumineux négatif. Or, la conséquence à tirer immédiatement de l'hypothèse de cette similitude de composition entre ces deux derniers fluides et les deux premiers, c'est qu'ils doivent avoir les mêmes modes de manifestations extérieures, produire les mêmes phénomènes. Les phénomènes produits par le calorique et la lumière paraissent bien effectivement le résultat d'une action et réaction entre principes contraires, tout aussi bien que ceux de l'électrisation et de la magnétisation des corps.

Le calorique extérieur fait-il effort pour pénétrer dans un corps, le calorique déjà engagé dans la constitution de ce corps s'éveille, pour ainsi dire, et entre en lutte avec le calorique extérieur. Un conflit analogue produit la transparence des corps, la clarté dont ils brillent, les couleurs variées dont ils se revêtent. Dans ce dernier cas, il y aurait lutte entre le fluide lumineux extérieur et le fluide intérieur engagé dans la composition même du corps; conflit toujours et partout le même, mais ayant lieu au sein de circonstances différentes, ce qui produit les variations de couleurs des corps, leurs différens degrés de transparence, etc., enfin tous les phénomènes qui se rattachent à la lumière. Donc aussi ces deux grands phénomènes de la chaleur et de la lumière seraient les produits d'un procédé de la nature absolument inverse de celui auquel on les attribue d'ordinaire. A ce point de vue, ce ne serait point en raison de la quantité de calorique que les corps reçoivent du dehors qu'ils s'échauffent; ce serait, tout au contraire, en raison de la quantité de calorique qu'ils repoussent. Ce n'est pas en raison de la quantité de lumière également reçue du dehors qu'ils s'illuminent; c'est en raison de la quantité de lumière qu'ils repoussent. Les corps sembleraient, en un mot, s'échauffer, s'éclairer, ou se colorer au moyen d'une sorte de ressort intérieur qui se développerait au dedans d'eux sous une pression extérieure. D'ailleurs la philosophie de la nature arrive, en définitive, à reconnaître l'identité de ces quatre fluides, elle les considère comme autant de manifestations diverses d'une seule et même matière.

La chimie moderne a décomposé l'air atmosphérique en deux gaz, l'oxygène et l'azote, doués de propriétés opposées; par exemple, l'oxygène alimente, entretient la vie animale, l'azote la détruit. Mais cette opposition est suivie de beaucoup d'autres. Aussi est-ce surtout dans cette sorte d'opposition prolongée de l'oxygène et de l'azote qu'il faut étudier cette lutte de forces opposées, que la philosophie de la nature a signalée dans tout le reste de l'univers. Un conflit permanent existe entre ces deux gaz, mais les conditions de ce conflit varient d'instant en instant.

Ces variations, dans la condition du conflit, sont le produit de variations survenues dans les proportions des deux gaz à l'égard l'un de l'autre. De là résultent les variations dans la pesanteur de l'air atmosphérique; de là encore les divers phénomènes dont l'atmosphère est le théâtre. Le grand soin de la nature est de maintenir l'équilibre entre ces gaz. Par la végétation, par exemple, la nature augmente incessamment la quantité d'oxygène existante; par la respiration, elle augmente, au contraire, la quantité d'azote; moyens qui ne sont d'ailleurs que les plus ordinaires pour atteindre le but cherché. La pluie, le vent, les orages sont d'autres moyens plus efficaces par lesquels la nature tend de nouveau à cet équilibre. A l'approche des orages, le malaise de tous les êtres qui respirent semble indiquer, en effet, les dérangemens survenus ou devant bientôt survenir dans l'atmosphère. Le bien-être qu'ils éprouvent peu d'instans après est la preuve que ces dérangemens n'existent plus. Au reste, l'atmosphère est en quelque sorte l'esquisse ou, pour parler philosophiquement, le schéma de toute création. Dans les quatre fluides que nous avons nommés, le conflit des principes opposés ne s'est manifesté que par certains phénomènes; dans l'atmosphère, il apparaît pour la première fois sous forme visible et palpable. Bacon énonçait le vœu de voir les explorateurs de la nature s'occuper, de préférence à tous les autres phénomènes, de l'étude des phénomènes atmosphériques.

L'être animé, dès qu'il vit, par le fait même de son existence, développe en lui une certaine quantité de matière phlogistique; en même temps, il s'assimile par la respiration une certaine quantité de l'air atmosphérique qu'il respire. La plante, tout au contraire, par le fait même de sa vitalité, développe en soi une certaine quantité de matière antiphlogistique, en même temps qu'elle s'assimile par la respiration une certaine quantité d'azote. Dans les deux cas, c'est toujours le même mécanisme, toujours le même mouvement de va-et-vient, toujours les deux mêmes matières pesant au même instant aux deux extrémités d'un même levier; seulement ces deux matières changent de place, alternent de côté, selon que le levier s'engrène dans l'organisme animal ou dans l'organisme végétal. Leurs oscillations sont régulières, quand la quantité de matière développée au dedans de la plante ou de l'animal est égale à celle qu'ils s'assimilent l'un et l'autre. Dans le cas contraire, ces oscillations deviennent irrégulières; l'animal ne développant pas une quantité de phlogistique égale à l'oxygène qu'il respire, l'équilibre tend à se détruire, et se détruirait si l'animal, sous l'aiguillon de la faim, ne fournissait des alimens à un nouveau développement du phlogistique. L'eau, ou les boissons rafraîchissantes, sont, au contraire, antiphlogistiques. La faim et la soif sont ainsi les moyens par lesquels la nature établit l'équilibre entre les élémens concourant à la constitution de l'animal.

L'organisme, ou l'organisation, n'est pas seulement le théâtre du mécanisme que nous venons de décrire; il en est encore le produit et le résultat. Les principes opposés ne se font point partout équilibre aux mêmes conditions; ils se combinent de diverses façons, et ces combinaisons variées donnent naissance aux différens organes dont l'ensemble constitue l'organisation. Les organes sont autant de sphères inscrites à une autre sphère de rayons plus considérables. Ils se trouvent les uns à l'égard des autres en état d'opposition symétrique; toutes ces diverses parties, tous ces élémens intégrans d'une organisation complète, se font nécessairement opposition, antithèse. D'ailleurs la grande loi du dualisme ne se manifeste pas seulement en dedans des limites d'un même organisme, elle n'est point enfermée dans les seules oppositions propres à cet organisme ; cette grande loi veut encore que tout ce qui existe ait son opposé, elle veut qu'à tout organisme corresponde nécessairement un autre organisme qui soit la répétition, l'opposition symétrique de celui-là. La différence des sexes, par exemple, la sexualité est l'expression la plus complète de cette loi. C'est encore en raison de cette loi que toute la nature organisée se trouve scindée en deux : d'un côté, l'organisation animale, de l'autre, l'organisation végétale. L'opposition déjà signalée entre la plante et l'animal n'est qu'une sorte de germe d'où sortent grand nombre d'autres oppositions analogues ; la plante n'a pas d'organe qui ne soit l'opposé de tel ou tel autre organe de l'animal, et réciproquement. Haller avait déjà dit : « La plante a son estomac dans ses racines, l'animal a ses racines dans son estomac. »

Depuis long-temps déjà nous parlons d'organisation; nous n'avons pourtant pas encore prononcé le mot de vie : c'est que si la philosophie matérialiste regarde, en général, la vie comme le produit de l'organisation, toute philosophie spiritualiste doit, au contraire, regarder l'organisation comme un produit de la vie. Le peu de mots suivans de Jacobi sont un résumé fidèle de tout spiritualisme sur ce point : « Je ne sache rien de plus absurde, dit-il, que de voir dans la vie le produit des choses; ce sont bien plutôt les choses qui sont un produit de la vie, dont elles ne sont, en définitive, que des expressions, des manifestations variées. »

La vie, le plus merveilleux de tous les phénomènes qui éclatent sur la surface du globe; la vie, qui est comme la couronne et le diadême de la nature, manifeste aussi le dualisme que nous avons signalé. Elle aussi est le résultat d'une action et réaction entre principes contraires; elle est la combinaison variable de ces principes, toujours les mêmes, elle naît de leur contact, elle jaillit pour ainsi dire de leur choc. Dans son essence, dans son principe, dans ce qui la constitue, elle est nécessairement une, identique à elle-même dans tous les êtres animés ; en chacun elle se montre cependant sous une forme différente. Des deux principes qui concourent à la former, l'un est un, identique à lui-même ; l'autre divers, multiple, en tout et partout différent de lui-même ; en d'autres termes, l'un est positif, l'autre est négatif ; car s'il n'y a qu'une manière d'être une chose, il y a mille manières de n'être pas cette chose. Or, la diversité des conditions organiques au milieu desquelles se manifestera la vie représente la multiplicité du principe négatif ; le principe négatif se trouvera dans l'organisme lui-même, il sera cet organisme. Le principe positif sera, au contraire, dans la vie, ou, pour mieux dire, sera la vie elle-même. Bien qu'elle se manifeste dans les choses, la vie ne leur appartient pourtant pas ; elle n'en est pas la propriété exclusive. La vie remplit l'espace, elle s'épanche en tout sens, elle rayonne dans toutes les directions, quoiqu'il ne nous soit pas donné de la saisir ainsi dans cette pureté, dans cette sublimité de son essence. Au sein de l'atmosphère qu'elle remplit, la rosée du matin échappe de même à nos yeux; mais elle nous devient visible au fond du calice des fleurs qui l'ont recueillie. C'est ainsi que la vie a besoin d'être recueillie et limitée par l'organisme; lui seul lui donne la forme qui nous la rend visible et palpable.

Un jeu bizarre de la nature a réuni dans une simple pierre, la tourmaline, la plupart des oppositions que nous venons d'indiquer. La tourmaline est comme un symbole complet du dualisme de la nature. Si vous la magnétisez en l'échauffant, le fluide magnétique, se scindant en deux autres fluides, l'un positif, l'autre négatif, se porte aux deux points extrêmes de la pierre. Si vous l'électrisez, la même chose arrive au fluide électrique: l'électricité positive occupe alors le même pôle que le magnétisme négatif, le magnétisme positif le même que l'électricité négative. L'un et l'autre des points extrêmes recèlent donc une opposition analogue à celle manifestée par la pierre entière. Qu'après cela, la tourmaline se refroidisse, les pôles changent successivement de place: le pôle positif du magnétisme en devient le négatif; de même pour l'électricité. A un autre degré de refroidissement, les pôles reprendront leurs premières places, qu'ils échangeront ensuite plus tard. Pendant ce temps, les fluides différens n'en continueront pas moins de faire éclater entre eux, à chacun des pôles qu'ils occupent, l'opposition déjà signalée. Si vous brisez cette tourmaline en deux, en trois, en quatre, chacun de ces débris n'en continuera pas moins à manifester les mêmes phénomènes de polarité que la pierre entière. On la réduirait en une poussière impalpable, qu'il en serait encore de même de chacun des grains de cette poussière. Le miroir brisé réfléchit ainsi jusque dans ses moindres fragmens la même image qu'il réfléchissait dans son intégrité.

La cause de ces singuliers phénomènes consiste, suivant toute probabilité, en une sorte d'hétérogénéité primitive que recèle la tourmaline. En raison de cette hétérogénéité, la chaleur, n'agissant pas d'une manière uniforme sur toute la pierre, éveille ici l'électricité positive, là la négative; ici le magnétisme positif, là le magnétisme négatif. Mais rien ne s'oppose à ce qu'on suppose la tourmaline séparée en deux par rapport à cette hétérogénéité ; rien ne s'oppose non plus à ce qu'on substitue par la pensée deux autres corps à ces deux tourmalines d'espèce nouvelle, en considérant ceux-ci comme doués des mêmes propriétés ; mieux encore, à ce qu'on remplace chacun de ces deux corps par deux, par trois, par un nombre de corps quelconque. Rien ne sera changé par rapport aux phénomènes. L'un de ces systèmes de corps représentant ce qui se passe à l'un des pôles de la tourmaline, l'autre représentera ce qui se passe au pôle opposé. Mais on peut tellement multiplier par la pensée le nombre de corps qui entrent dans chacun de ces systèmes de corps, que tous deux finissent par embrasser ceux du monde entier. Les mêmes phénomènes continueront de se manifester. D'ailleurs, ces deux fluides ne font que partager avec toutes les autres forces primitives de la nature le mode de manifestation que nous venons de décrire. La tourmaline peut ainsi nous présenter comme un abrégé de l'univers ; elle en est vraiment le symbole. L'agrandissez-vous par la pensée de manière à ce qu'elle remplisse l'espace, l'univers apparaît ; par la pensée, amoindrissezvous, au contraire, l'univers, de telle sorte qu'il en vienne à tenir dans les étroites limites de cette pierre, vous retrouvez la tourmaline.

La pesanteur et la lumière sont les deux principes qui manifestent encore le plus généralement cette opposition radicale. La pesanteur est le fondement et la base des choses; elle les recueille, les soutient, les organise; elle est comme le principe femelle de la nature; elle tend à les constituer en unité, à les faire converger au même centre. La lumière, au contraire, partout répandue, rayonnant en tout sens, remplit l'espace sans se fixer nulle part, sans converger autour d'aucun centre.

Des combinaisons des diverses forces de la nature résultent plusieurs modes d'existence pour les choses. Tantôt elles n'existent que dans l'espace : ce sont les choses inertes, inanimées; tantôt elles existent seulement dans le temps : c'est ce qui a lieu dès qu'il y a mouvement (car le mouvement est la mesure du temps). Ce mouvement, ainsi qu'il arrive dans la plante, peut d'ailleurs consister en un simple déploiement sur place. Il y a enfin un troisième mode d'existence, plus haut, plus élevé que les deux précédens : c'est la vie dans l'espace et dans le temps, avec la conscience de soi-même; c'est la vie de l'homme douée d'une conscience intelligente. Schelling a dit : L'imagination de la nature dort dans la pierre, rêve dans l'animal, dans l'homme parvient à une véritable connaissance de soi-même. Donc encore, l'homme est bien certainement un véritable microscôme vivant. D'après la définition déjà donnée des puissances du réel et de l'idéal, on peut se représenter ces trois degrés de vie sous les formes suivantes : la diversité, la diffusion peut être représentée par l'espace; l'unité le sera, au contraire, par un point central, un point autour duquel se grouperont un certain nombre de choses. Or, nous pouvons nous représenter sous la forme générale A les choses existant dans l'espace; l'unité ayant presque entièrement disparu de ce mode d'existence, alors prédomine le manque de conscience, la simple objectivité. L'unité reparaissant ensuite dans l'infinité, il se fait une sorte de concentration au moyen de laquelle naît la vie intérieure, la subjectivité. Elle prédomine même sur l'existence des choses purement objectives. La vie subjective s'ajoute ainsi à la vie objective, A devient A^2. Survient enfin la conscience de cette combinaison; degré de vie plus élevé où la subjectivité et l'objectivité se confondent. A^3 exprimera cette nouvelle vie, dernier échelon de la gradation des choses, sommet de la pyramide.

Là viennent de nouveau se confondre les deux mondes, l'un idéal, l'autre réel; l'un subjectif, l'autre objectif; l'un vivant, l'autre animé.

Le monde est le lieu où les choses éternelles, c'est à dire les idées, arrivent à l'existence. Mais cette existence n'est pas le produit d'une action qui soit propre à la matière; loin de là, elle est le résultat d'une tendance de l'absolu à manifester extérieurement sa subjectivité, à produire dans les espaces du fini l'infini qu'il recèle dans son sein. De cette tendance résulte un mouvement évolutif au moyen duquel l'unité se produit dans la diversité, seul côté par lequel elle nous soit visible dans la nature. Il en résulte que c'est seulement par leurs formes que les choses nous sont connues, car la forme des choses est la manifestation extérieure de ce mouvement. La corporalité est la forme la plus générale qu'elle puisse revêtir ; elle constitue le dernier terme de ce mouvement d'objectivation de l'infini dans le fini, de l'absolu dans le relatif. En tant qu'elles apparaissent dans ce mouvement d'objectivation, les idées ont donc un côté corporel, matériel ; l'univers lui-même n'est, en définitive, que le monde idéal devenu visible et palpable.

Dans toutes les idées se retrouve un fond commun, car toutes tiennent à l'absolu ; elles se tiennent en même temps, elles dépendent les unes des autres, par cette raison qu'elles expriment les divers degrés du mouvement d'objectivation de l'absolu. Là se trouve la raison de la subordination et de la liaison des choses entre elles, phénomènes qui nous frappent au premier coup d'œil que nous jetons sur le monde matériel. Aussi voyons-nous l'univers matériel, à partir de l'unité la plus élevée, de l'identité, se diviser, se subdiviser de plus en plus en unités d'un ordre plus secondaire. Les idées, en même temps qu'elles sont en elles-mêmes, sont aussi dans l'absolu. Dans les idées, il se fait sans cesse un mouvement d'objectivation, de différenciation, puis un mouvement de retour vers l'identité, vers la subjectivité. La traduction incomplète de ces deux mouvemens, leur symbole se retrouve dans les forces d'attraction et de répulsion, qui sont comme le fondement du système physique de la nature.

DE L'IDÉAL.

Les puissances idéales de l'absolu, ou, pour mieux dire, les puissances de l'absolu dans l'idéal, sont la loi morale, la béatitude, la vérité, la science, la religion, l'art, l'état.

Le théâtre de leur développement est l'histoire. Mais en arrivant sur ce théâtre, notons d'abord ses différences avec celui qu'on vient de quitter, avec la nature, c'est à dire avec ce monde extérieur où se développent les puissances de l'absolu dans le réel. Qu'y a-t-il, en effet, de plus dissemblable au premier coup d'œil que la nature et l'histoire? Dans la nature, aucun phénomène n'apparaît qui ne soit assujetti à des lois fixes et régulières; aucune perturbation ne se montre dans l'ordre établi entre les choses, aucune variation dans leur succession. Les feuilles des arbres n'ont jamais cessé de pousser au printemps et de tomber en automne ; les êtres animés n'ont jamais manqué de croître et de se développer, en passant par les mêmes périodes d'enfance, de jeunesse et de décrépitude que ceux qui les ont engendrés ; on peut déterminer d'avance, sans que jusqu'à ce jour le calcul se soit trouvé en défaut, à quelle heure le soleil se montrera sur l'horizon, ou bien le quittera. Dans l'histoire, c'est à dire dans cette infinie multitude d'actes divers par lesquels l'homme manifeste son passage sur la terre, dans l'histoire, c'est tout le contraire ; aucune régularité ne se laisse apercevoir dans la succession des évènemens ; aucun rapport stable n'apparaît entre ces évènemens ; ils apparaissent çà et là, sans ordre ni suite ; on les dirait soulevés au hasard, dans l'océan des âges écoulés, par le vent capricieux de la volonté humaine. L'histoire nous apparaît comme un théâtre où se déploie la liberté la plus illimitée; la nature celui de la nécessité. Toutefois, de même que la nature révèle partout la lutte de deux principes, non le règne absolu d'un seul, l'histoire nous montrera une lutte analogue dans un autre ordre de choses et d'idées. Le point le plus essentiel sera donc de montrer les liens mystérieux par lesquels une main cachée enchaîne, jusque dans ses écarts les plus capricieux, la liberté au joug de fer d'une inflexible nécessité.

Ici, d'ailleurs, les lois générales comportent plus d'arbitraire apparent. L'être doué de raison et de volonté ne saurait se soumettre à la loi morale aussi absolument que les corps matériels se soumettent à la pesanteur; l'observance volontaire de cette loi doit faire sa félicité, mais il conserve la liberté de s'y soustraire; c'est même dans cette liberté que se trouve la dignité de la nature humaine. Les idées ont une existence absolue en même temps qu'une existence relative; chacune a, pour ainsi dire, un centre qui lui est propre, en même temps qu'elle est coordonnée à un centre commun à toutes : ce centre commun, c'est l'absolu, c'est Dieu. Il doit exister dans les royaumes de l'idéal une tendance générale de toutes choses vers Dieu. De même que dans la nature l'infini a rayonné dans le fini, ici le fini devra tendre à se concentrer dans l'infini. Ainsi, malgré toute apparence contraire, la pensée de l'homme ne devra pas cesser un seul instant de tendre vers Dieu, de faire effort pour s'unir à lui; au dernier terme, à l'apogée de ce mouvement, seront le souverain bien, la béatitude.

L'état est la réalisation de la vie publique ordonnée par rapport à la moralité, à la religion, à la science, à l'art. L'état est l'image vivante, animée, extérieure, de la raison; c'est un organisme vivant, où viennent se manifester, dans une harmonieuse et visible identité, la liberté et la nécessité, les deux principes qui président au développement terrestre de l'humanité. L'état, en tant qu'organisme, par cela seul qu'il est organique, n'existe donc pas seulement dans tel ou tel but; il existe par lui-même, par sa propre vertu. L'état ne sort pas d'une multitude d'hommes amenés, agglomérés au hasard, par quelque accident fortuit; il n'est pas non plus si essentiellement un que toute vie personnelle, individuelle, n'y puisse trouver place. Un état bien organisé doit, au contraire, unir ces deux choses, la vie publique et la vie individuelle; par cette même raison, le despotisme d'un seul et celui du peuple doivent se trouver bannis de tout état bien organisé, de tout état méritant vraiment ce nom. Là où règne habituellement la volonté d'un seul, ou celle d'un grand nombre, il est évident que la liberté de chacun est opprimée. L'état n'est pas de convention faite tel ou tel jour, il n'est pas né de la volonté d'un seul ou de plusieurs; il est la mise en jeu des instincts de tous. Aussi, comme tout organisme naturel, l'état croît, grandit incessamment depuis les formes les plus imparfaites jusqu'aux moins éloignées possibles de la perfection, jusqu'à ce qu'il atteigne enfin celle qu'il ne doit plus dépasser. L'état est l'œuvre de la raison tendant à se manifester au dehors à mesure qu'elle s'éveille dans les masses populaires.

L'art est la création libre et spontanée au moyen de laquelle l'esprit humain réalise extérieurement les intentions de l'éternelle raison. L'art est aussi la manifestation de ce mouvement évolutif de l'absolu que nous avons signalé; il n'est pas moins qu'une continuelle révélation de Dieu dans l'esprit humain. La liberté et la nature concourent également à la production de l'art : le génie, où se trouve le germe de ses créations immortelles, est un don de la nature, qui, sous cette forme, n'a pas conscience d'elle-même; mais le talent, qui développe et féconde ce germe, est un exercice raisonné de la liberté de l'artiste : aussi le talent est-il seul susceptible d'être enseigné; au contraire, les inspirations du génie ne sauraient ni se transmettre, ni se donner. Le génie est une magnifique couronne placée par la nature sur la tête de quelques uns d'entre nous ; mais ces rois de droit divin ne sauraient l'abdiquer au profit de qui que ce soit. Mais, que de choses sont nécessaires à la perfection d'un produit de l'art! faire passer dans un symbole sensible aux sens l'infini d'une idée; unir le repos, la grandeur, à toute l'animation de la vie; parler aux sens en même temps qu'à l'intelligence et à la raison; saisir l'homme tout entier, par ses parties les plus terrestres comme par ses plus divines, etc., etc.

L'histoire existe de toute nécessité; elle

existe, parce que la réalisation extérieure de la notion du droit inné à l'homme est une tâche qui lui a été imposée, à laquelle il ne peut se soustraire. Tous les efforts des êtres doués de raison doivent converger vers ce but. L'histoire est ainsi une sorte de réalisation, d'objectivation, d'une notion d'abord existante dans l'intelligence humaine. Les arts et les sciences n'appartiennent, en conséquence, à l'histoire que d'une manière indirecte; les récits de leurs progrès ne sont qu'accessoires à l'histoire proprement dite, ils ne lui appartiennent qu'autant qu'ils ont aidé l'humanité à atteindre le but tout à l'heure indiqué. Mais ce qui se trouve nécessairement contenu dans la notion d'histoire, ce que l'histoire implique nécessairement, c'est l'idée d'une progressivité indéfinie, c'est, par conséquent, celle de perfectibilité.

Cette perfectibilité est, cependant, niée par plusieurs; mais, pour être conséquens avec eux-mêmes, ceux-là devraient nier aussi l'histoire elle-même. Si l'homme était dépourvu de cette faculté de perfectibilité, pourquoi aurait-il une histoire? pourquoi aurait-il une histoire plutôt que l'animal ? Mais l'homme a une histoire précisément parce qu'il s'ajoute à lui-même en se perfectionnant. Il n'est pas attaché à la roue d'Ixion, il n'est pas condamné à se mouvoir dans un cercle toujours le même; il se meut sur une ligne où chaque pas qu'il fait s'ajoute à ceux qu'il a déjà faits pour l'approcher du but. La mesure du progrès est, à la vérité, difficile à constater : les uns veulent le mesurer par le degré de perfectionnement des arts et des sciences, les autres par le perfectionnement moral de l'homme. Ces deux méthodes ne manquent pas d'inconvéniens. Il est une autre mesure qu'il semble plus rationnel d'employer: si l'objet de l'histoire est vraiment la réalisation successive de la notion du droit, il devient naturel de mesurer les progrès de l'humanité par le chemin qu'elle aura fait vers ce but final. Si nous sommes encore bien éloignés de ce but, l'expérience et la théorie ne s'accordent pas moins à nous enseigner que nous y marchons réellement.

La réalisation successive de la notion du droit est la condition de la liberté; hors de là, la liberté n'existerait pas, en vertu de l'ordre même des choses; elle ne serait plus qu'une étrangère sans patrie sur la terre; elle ne serait plus qu'une sorte de plante parasite, un accident dans l'ordre social. Mais la liberté est inhérente à l'humanité; l'humanité a foi en elle et aux fruits qu'elle doit porter, au but qu'elle doit atteindre. Si nous étions dépouillés de cette croyance, nous ne saurions jamais que vouloir faire, afin que nos actions se trouvassent conformes à notre mission sur la terre; nul n'aurait plus le courage d'exécuter ce qui lui est ordonné par la loi du devoir; nul ne trouverait en soi l'héroïsme du sacrifice. Il n'est aucun de nous qui n'ait besoin de croire que son dévouement ne sera pas perdu pour l'humanité; le dévouement lui-même n'est possible qu'à ce prix. Or, cette conviction que nous trouvons au fond de notre cœur suppose que nous croyons à autre chose qu'à la liberté de l'homme; elle suppose encore que nous croyons à une puissance qui sache mettre en œuvre tous les actes de la liberté humaine, les faire aboutir à un but qui nous échappe à nous-mêmes. Si l'homme est libre par rapport aux actes qu'il exécute, il ne l'est donc nullement par rapport aux suites de ces actes ; à peine lui sont-ils échappés qu'ils tombent sous la loi de la nécessité. Je suis bien libre de ne pas laisser échapper la pierre que je tiens à la main, mais à peine l'ai-je lâchée qu'aucune puissance humaine ne saurait plus l'empêcher d'obéir aux lois de la pesanteur.

Chaque être doué de raison pratique sa liberté, met en jeu son libre arbitre comme s'il était seul au monde, comme s'il n'existait pas d'autres êtres semblables à lui. Tous ces actes souvent opposés, tous ces efforts en apparence divergens, n'en concourent pas moins à un résultat commun ; tous tendent vers un même but. Sous les apparences les plus contradictoires existe une secrète harmonie. Bien que pour agir les hommes ne consultent que leur libre arbitre, ils n'en produisent pas moins, en raison d'une nécessité cachée, un ordre de choses déterminé d'avance. Le plus ordinairement invisible, cet ordre de choses n'apparaît qu'à un moment fixé ; mais il se montre alors avec d'autant plus d'évidence qu'il était moins attendu, que les actes qui l'ont amené ont été plus libres, en apparence moins dirigés vers ce but final. Une synthèse, un lien secrètement établi entre tous les actes accomplis par les volontés individuelles, est la raison de ce phénomène; elle constitue le développement historique tout entier. Au moyen de cette synthèse absolue, toutes choses sont par avance posées, rangées, calculées; les oppositions en apparence les plus formelles, les contradictions les plus manifestes sont expliquées, conciliées. Or, c'est seulement au sein de l'absolu que cela peut arriver.

A ce point de vue, force nous est d'admettre dans la nature une sorte de mécanisme au moyen duquel certains résultats sont assurés d'avance à chacun de nos actes. C'est pour cela que l'activité de l'espèce entière concourt nécessairement au but élevé qui nous est assigné. Les lois de la nature et celles de l'intuition se retrouvent absolument identiques au fond de toutes les intelligences; par là, l'identité se retrouve aussi dans l'objectif universel de toutes les intelligences, identité qui rend possible la prédétermination de toute l'histoire au moyen d'une synthèse absolue.

Ce sont les développemens de cette synthèse à travers certaines séries de circonstances, qui constituent l'histoire elle-même. Or, cette harmonie entre le but à atteindre, c'est à dire l'objectif, et le mobile qui doit agir sur l'objectif, c'est à dire la conscience, ou l'activité humaine, cette harmonie, disons-nous, ne saurait exister qu'en raison d'une nouvelle supposition : c'est celle d'une troisième chose, d'ordre plus élevé que les deux autres, et supérieure à toutes deux, qui soit la source dont l'une et l'autre découlent. Cette chose, on l'a déjà nommée : c'est l'absolu. Seul il contient la raison de l'identité que nous avons établie ; seul il constitue l'identité du subjectif et de l'objectif. Seul il contient, en outre, la raison de l'identité de l'individu avec l'espèce; il les attache à un même fond, il les enchaîne par mille liens l'un à l'autre.

A ce qui précède se rattachent les deux points de vue principaux sous lesquels nous considérons l'histoire : le point de vue objectif et le point de vue subjectif. Dans le premier cas, l'histoire tout entière nous apparaît comme absolument prédéterminée; elle ne nous apparaît même pas comme seulement déterminée par une puissance ayant conscience de ses actes, mais au contraire aveugle, dépourvue de cette conscience, inflexible dans ses déterminations ; puissance tout à fait analogue à celle appelée le destin. L'histoire manifeste alors un véritable système de fatalisme. Dans le second cas, quand nous nous occupons du subjectif, c'est à dire de l'activité humaine, chose essentiellement libre et modifiante, l'histoire ne nous semble plus qu'un assemblage de phénomènes qui se produisent ou se succèdent au hasard, mais sans liaison aucune, soit dans le temps, soit dans l'espace. L'ordre, la régularité, l'action providentielle ont disparu ; le hasard est le seul souverain, le seul Dieu de ce monde. Pour arriver jusqu'à l'idée fondamentale de l'histoire, il faudra que nous nous élevions au dessus de ces deux points de vue ; alors seulement le hasard et le destin seront bannis de l'histoire ; la Providence prendra leur place ; ou, pour mieux dire, le hasard et le destin, agissant encore dans un cercle restreint, déterminé, demeureront pour toujours enchaînés au pied du trône de l'éternelle Providence.

Dans le grand drame de l'histoire, chaque personnage joue le rôle que bon lui semble. Or, pour qu'une marche raisonnable existe dans ce drame confus, il faut bien cependant que la même inspiration se trouve dans toutes les bouches. Le dénouement étant déterminé d'avance, le poëte conduit l'intrigue et fait parler ses personnages en conséquence. Son art consiste surtout à savoir faire concourir à ce but les accidens les moins attendus qui surviennent çà et là. Toutefois, le poëte n'est ni indépendant de son drame, ni en dehors du théâtre où ce drame se joue; s'il en était ainsi, nous ne serions sur la scène du monde que ce que sont les acteurs ordinaires sur leurs planches. Mais, loin d'être indépendant de nous, le poëte vit en nous et avec nous. C'est par le jeu même de notre liberté qu'il manifeste sa vie; il n'existe qu'au moyen de cette liberté. Nous-mêmes sommes donc vraiment le poëte; nous ne jouons pas seulement nos rôles, nous les créons, nous les improvisons.

Il faut voir dans l'histoire une manifestation progressive et continue de l'absolu; en d'autres termes, l'histoire (bien qu'aucune place précise ne lui soit assignée) est encore une révélation permanente de Dieu. Dans l'histoire, Dieu sans doute n'apparaît pas tout à coup et dans son infinité; mais dans l'histoire Dieu se fait, Dieu devient, Dieu se révèle incessamment; dans l'histoire, Dieu récite une hymne continuelle dont toutefois il réservera la dernière strophe pour la consommation des temps. Mais si l'histoire est la manifestation de l'absolu, comme cette manifestation est successive, qu'elle se fait dans le temps, il en résulte qu'on peut la subdiviser en plusieurs époques secondaires.

Ce développement progressif de l'absolu dans le temps, en d'autres termes, les temps historiques peuvent être divisés en trois périodes : la première celle de la *fatalité*, la seconde celle de la *nature*, la troisième celle de la *Providence*. Dans la première période, le principe dominant se montre comme un pouvoir aveugle, inflexible, impitoyable; dans la langue des hommes, c'est le destin, la fatalité. On pourrait encore appeler tragique cette époque de l'histoire. Pendant sa durée, les merveilles de la civilisation primitive ont été brisées; alors se sont écroulés ces immenses royaumes dont il reste à peine quelques débris pour attester la grandeur. Dans la seconde période, apparaît la nature; sous l'empire de cette loi, la liberté, la volonté la plus illimitée sont tenues de concourir à l'accomplissement des plans, des desseins de la nature; une sorte de nécessité mécanique s'introduit dans le domaine de l'histoire. Cette période semble commencer à l'origine de la république romaine. Dès lors, en effet, la volonté humaine se manifeste dans le monde entier par la conquête et la domination; un moment arrive où tous les peuples de la terre, liés ensemble, se trouvent en contact les uns avec les autres; les lois, les mœurs, les sciences, jusque-là propriété exclusive de tels ou tels peuples, appartiennent à tous. Or, c'est ce qu'on peut regarder comme l'accomplissement des lois de la nature, car la nature tend toujours à établir entre les hommes un lien commun. Dans la troisième période, se manifeste la

Providence. Alors les œuvres du destin et de la nature, recevant un caractère nouveau, se montreront à nous comme œuvres providentielles. Les deux époques précédentes n'étaient, en effet, qu'une sorte de préparation à l'action de la Providence, une sorte d'aurore précédant le grand jour providentiel qui doit luire sur le monde. Quant à la venue de cette troisième période, nul d'entre nous ne peut dire quand elle arrivera. Il est d'ailleurs superflu d'ajouter que sous ces trois noms, destin, nature, Providence, il faut reconnaître un même principe, toujours identique à lui-même, mais se manifestant sous des faces différentes, en un mot l'absolu.

Au point de départ de l'humanité se trouve la notion du droit; au dernier but qu'elle doit atteindre, la réalisation de la notion du droit. Là sont les colonnes d'Hercule, qu'il ne lui sera pas donné de passer. La fusion de tous les peuples en un seul peuple, de tous les États en un seul État, où l'on ne connaîtra d'autre règle et d'autre loi que ce qui est bon, juste, légitime, où le droit régnera, sera sur le trône, tel est le symbole extérieur de cette réalisation de la notion du droit. Mais où l'homme puise-t-il la force de parcourir cette carrière? à quelle impulsion obéit-il? Est-ce à celle de sa propre volonté ou d'une volonté qui lui est étrangère? Est-il libre, indépendant? N'est-il, au contraire, qu'un esclave, qu'un instrument aux mains d'un maître étranger? Ici commencent les difficultés.

Enivré du sentiment de sa liberté, l'homme s'avance sur la terre en souverain, en dominateur; mais, au devant de ses pas, l'impassible nécessité ne lui en indique pas moins du doigt le sentier dont il ne saurait s'écarter un instant.

Pour concilier cette apparente contradiction, il est peut-être possible d'emprunter un symbole à l'univers matériel. Le mouvement physique pourra donc être considéré comme le symbole du mouvement moral, intellectuel de l'humanité; les forces intellectuelles pourront de même être assimilées aux forces matérielles. Or, tout mouvement s'accomplit sous l'impulsion d'une force toujours décomposable en deux autres forces; la combinaison de ces deux forces caractérise la ligne tracée par ce mouvement. Dans son mouvement, l'humanité obéit de même à une force unique, décomposable en deux forces : l'une de ces forces sera la force providentielle, qui, du point de départ, la pousse vers le but indiqué; l'autre, l'humanité la puisera en elle-même, dans sa volonté. L'une de ces forces pourra être représentée par la nécessité, car elle sera immuable, éternelle; l'autre par la liberté, car elle sera essentiellement spontanée, variable, accidentelle. Mais, comme nous l'avons dit, ces deux forces ne s'en confondront pas moins dans une autre force d'une essence supérieure à toutes deux, où toutes deux viendront se réunir pour produire une impulsion une; impulsion qui, à travers mille inflexions bizarres, conduit l'humanité au but où elle doit s'arrêter.

DE LA PHILOSOPHIE.

Il ne faut pas l'oublier, dans l'idéal et dans le réel, c'est toujours l'absolu; dans ces deux directions, c'est toujours l'absolu s'élevant successivement à des puissances diverses.

Aussi se retrouve-t-il aux deux extrémités de ces directions diverses. Le réel et l'idéal, sortis de l'absolu, viennent se confondre dans l'absolu. Après s'être développé dans ces deux directions, en se transformant, l'absolu arrive à avoir conscience de lui-même en tant qu'absolu; sous cette dernière forme il apparaît comme philosophie. La philosophie est, en effet, la connaissance de l'absolu, ou, pour mieux dire, la conscience qu'a l'absolu de lui-même. L'absolu se trouve ainsi amené à l'esprit par un acte spontané de celui-ci.

Dans son ouvrage intitulé *Système de Philosophie transcendentale*, Schelling a longuement décrit la manière dont la chose s'accomplit; c'est ce qu'il appelle : « Déduction de la synthèse absolue comprise dans l'état de la conscience (1). »

Cette puissance de la spéculation a été encore signalée par un philosophe appartenant

---

(1) Voir ce chapitre dans nos notes. Nous l'extrayons d'une traduction de l'ouvrage cité, très probablement destinée à mourir inédite parmi nos papiers, à côté de quelques autres travaux du même genre (note 13).

à une école bien opposée à celle de Schelling. A propos de l'obscurité reprochée aux métaphysiciens, Diderot s'exprime ainsi : « Les grandes abstractions ne comportent qu'une lueur sombre; l'acte de la généralisation tend à dépouiller les concepts de tout ce qu'ils ont de sensible. A mesure que cet acte s'avance, les spectres corporels s'évanouissent, les notions se retirent peu à peu de l'imagination vers l'entendement, et les idées deviennent purement intellectuelles. Alors le philosophe spéculatif ressemble à celui qui regarde du haut de ces montagnes dont les sommets se perdent dans les nues : les objets de la plaine ont disparu devant lui, il ne lui reste plus que le spectacle de ses pensées et que la conscience de la hauteur à laquelle il s'est élevé, et où peut-être il n'est pas donné à tous de le suivre et de respirer. »

Là se ferme le cercle de la philosophie de Schelling. Partie de l'absolu, elle revient à l'absolu. L'absolu dénué de la conscience de soi-même a été son point de départ; l'absolu s'élevant à la conscience de soi-même, ou bien la philosophie, est sa conclusion dernière. Entre ces deux termes, qu'ils unissent l'un à l'autre, se trouvent le monde idéal, le monde réel, et tous les phénomènes dont ils sont le théâtre.

———

La philosophie de Schelling a de l'originalité, de la profondeur, de l'éclat. L'universalité est un de ses caractères principaux. Cette philosophie rallie à un seul principe l'infinie multitude des êtres et des choses de l'univers. Grâce à elle, la pensée humaine reprend de l'importance, de la dignité; elle n'est plus un vain mécanisme. En elle réside le germe de la science, qui, plus tard, n'aura plus qu'à se développer; elle nous permet l'espoir de nous élever, au moyen d'une science *à priori*, jusqu'à la connaissance objective de Dieu et de la vérité divine. Cette philosophie, effaçant la distinction jusque-là radicale des notions empiriques et des notions rationnelles, rendit à la spéculation philosophique le caractère de l'inspiration; elle scellait une alliance nouvelle entre la philosophie et la poésie. Elle restituait à la nature une poétique réalité, et favorisait, en outre, le mouvement religieux qui déjà se manifestait dans les esprits sérieux. La mythologie, l'art, l'histoire, la critique, les sciences naturelles, ne pouvaient tarder à lui devoir de nouvelles et scientifiques interprétations.

Nous voudrions insister sur le caractère général de la philosophie de Schelling. Cette philosophie ne procède point de l'analyse ; Schelling n'est point remonté des faits aux principes ; après avoir fait une ample moisson de vérités secondaires, il ne s'est point efforcé de les réunir en faisceau. Il a posé, au contraire, les principes, puis il s'est efforcé d'y rattacher les conséquences. Il a voulu poser une synthèse assez vaste pour qu'elle pût embrasser, dans son vaste développement, le monde moral et le monde matériel. Sa philosophie ne prend pas son point d'appui sur la terre, je veux dire dans l'observation, dans l'expérience : elle descend du ciel sur les ailes de l'inspiration, elle ne s'élève pas du concret à l'abstrait, elle descend de l'abstrait au concret. On dirait une idée de Platon, quittant le monde intelligible pour venir s'incarner par degrés au sein de la réalité.

En même temps, cette philosophie était complète, elle ne négligeait aucune des parties de la connaissance humaine; elle s'adressait, par conséquent, à toutes les intelligences, elle mettait en jeu les facultés des esprits les plus divers. Aussi, un grand nombre de disciples se précipitèrent-ils sur les pas du maître. Les uns suivirent immédiatement l'exemple de Schelling : ils s'efforcèrent de développer dans sa totalité, dans son ensemble, la philosophie de l'absolu. Les autres s'occupèrent exclusivement de la philosophie de la nature; d'autres en développèrent, au contraire, le côté idéal; ils s'efforcèrent de traiter la morale, la religion, l'histoire au point de vue de Schelling.

Parmi les premiers nous citerons Wagner, Eschenmayer, Stutzmann, Klein, Berger, Solger, Krauss, Steffens. Wagner s'occupa également de la philosophie de la nature et de la philosophie de l'esprit. Dans un livre intitulé *De la nature des choses,* il se proposa d'exposer, en un système général, les idées de Schelling sur la philosophie de la nature : ce sont ses propres expressions. Toutefois, il se montrait, sous quelques rapports, l'adversaire de Schelling. Il niait la puissance de la spéculation, tellement exaltée par Schelling; il niait, jusqu'à un certain point, l'absolu, et ne voulait voir, dans la philosophie de l'idéal, que l'histoire du monde, dans la philosophie du réel, que l'histoire naturelle. Il posait en principe que la spéculation était tout à la fois dénuée de vérité et de beauté; que l'absolu, une fois posé comme idéal ou comme réel, était par cela même anéanti en tant qu'absolu; qu'une science de l'absolu et qu'une science absolue n'étaient qu'une illusion vide de réalité. Wagner s'efforçait en même temps de systématiser sa philosophie du réel et de l'idéal : dans ce but, il voulait lui imposer la forme mathématique; il eût voulu jeter la philosophie dans le même moule que la géométrie.

Eschenmayer fut encore le partisan de cette même forme mathématique. Sous ce rapport, il fut l'adversaire de Schelling, en même temps qu'il s'en montrait le disciple pour quelques idées. Toutefois, il prit son point de départ dans la psychologie. La psychologie, suivant son expression, était pour lui en philosophie ce que l'analyse est au géomètre dans le domaine de la science. Sa méthode était constructive : elle consistait à partir de l'observation empirique des facultés de l'ame, puis à montrer comment l'organisme, puis le monde extérieur tout entier leur correspondaient harmoniquement. Un droit normal, invariable et immuable, dans l'esprit humain, idée se modifiant suivant les temps et les lieux, mais au fond demeurant identique à elle-même, lui semblait le fondement nécessaire du développement humanitaire. La réalisation de cette idée constituait l'état. Le développement historique de cette notion du droit dans le cours des âges se divise, au point de vue d'Eschenmayer, dans les périodes suivantes : 1° la période de la nature, ou le droit du plus fort; 2° la période de l'esclavage et du despotisme; 3° la période de la liberté, telle qu'elle a existé dans les républiques de l'antiquité; 4° la période du système monarchique, qui a commencé avec le christianisme, période qui ne sera terminée qu'avec la réalisation d'une organisation générale de tous les peuples chrétiens en un seul et même état.

Stutzmann voit dans l'homme le point central de l'organisation de l'univers. Dans l'homme se trouve réunie l'unité absolue et relative de tous les attributs de l'existence. L'homme est l'image de Dieu et le représentant de tout ce qui est éternel. En lui se confondent la force centripète et la force centrifuge de l'univers. De ces forces, la première n'existe que dans les plantes, la seconde que dans les animaux; mais, dans l'homme, toutes deux sont réunies et se confondent dans la raison. L'homme exprime de même les lois suivant lesquelles s'accomplissent les mouvemens des corps : il est, en effet, l'identité de l'unité et de la variété; or, l'unité et la variété sont entre elles dans le même rapport que les racines carrées aux cubes. L'homme s'élève jusqu'à la connaissance de l'absolu. La raison qui sait et connaît l'absolu, dit Stutzmann, n'est point un sujet fini qui a l'infini pour objet, mais c'est la raison infinie, qui se sait elle-même : point de vue identique à celui de Schelling.

Klein s'efforça de même de considérer la philosophie comme une science universelle. La même tentative fut faite encore par le Danois

Éric de Berger; celui-ci pose en principe que la philosophie est la science de l'esprit se connaissant lui-même. L'absolu est donc au fond de toute science; mais, dans son développement scientifique, il faut distinguer plusieurs degrés. Les choses sont autant de manifestations de l'esprit se développant lui-même; car le tout est ce qui a été, ce qui est, ce qui sera, c'est à dire la manifestation de l'esprit à lui-même. L'esprit est la vie, la nature est sa forme extérieure; mais tous deux, l'esprit et la nature, constituent un seul et même organisme. C'est du centre de cet organisme que rayonne, par de successives fulgurations de l'ame du monde, l'infinie variété des choses. Solger s'est surtout occupé de tracer la formule du développement de l'absolu; il a cherché à rendre, pour ainsi dire visibles et palpables, les divers degrés de ce rayonnement continu et régulier au moyen duquel l'absolu, d'abord rentré, reployé en lui-même, va successivement remplir les espaces de la création.

Steffens écrivit, dans les idées de Schelling, une philosophie de la nature et une philosophie de l'homme, c'est à dire une anthropologie. Dans sa philosophie, la lumière joue un grand rôle. La lumière est le principe actif au moyen duquel le particulier est posé dans le général. La lumière est l'identité de la forme ; par là, elle est l'opposé de la pesanteur. La pesanteur est, au contraire, l'identité de l'être ou de la matière. Par la pesanteur, le particulier est fixé dans l'existence, dans le repos de l'espace ; par la lumière, le particulier est placé dans le mouvement, dans le développement, dans le temps. A partir de ce point de vue fondamental, il organise sous un point de vue plus systématique les idées de Schelling. Dans son anthropologie, Steffens considère l'humanité sous trois aspects : d'abord comme dernier terme du développement de notre planète dans le passé ; puis comme centre du système des êtres organisés dans le présent ; puis comme recélant en elle-même l'annonce, le pressentiment d'un avenir infini. « Il faut, dit Steffens, il faut saisir le rapport existant entre le monde et l'homme à leur apparition première ; c'est le seul moyen de concevoir les rapports qui doivent exister plus tard entre eux, dans leurs diverses manifestations dans le temps, rapports qui existent non seulement pour l'humanité en général, pour les peuples, pour les nations, mais pour les individus. Hors de là, l'ennoblissement, le perfectionnement, l'amélioration de l'humanité vous échappent. L'homme ne saurait être considéré indépendamment de la nature; il n'est rien que par son union ou sa lutte avec elle (1). »

Mais c'est surtout dans Oken qu'il faut étudier la philosophie de la nature poussée jusque dans ses dernières conséquences. Oken a systématisé fortement toutes les idées éparses dans les ouvrages de Schelling; il a fait un tout de toutes ces parties dont nous avons peine à saisir le lien, le rapport. On peut considérer sa philosophie de la nature comme les dernières conséquences scientifiques auxquelles devait arriver la philosophie de Schelling. Dans les autres branches de la philosophie, il ne s'est que trop souvent égaré en inspirations vagues, sans point de départ assuré, sans

(1) Anthropologie. — Rixner, *Histoire de la Philosophie*.

route nettement tracée. Voici l'esquisse de la philosophie d'Oken.

La lumière joue le premier rôle, le plus important dans le domaine de la nature. Toutes les autres puissances de la nature ont leur source, leur origine dans la lumière; la pesanteur et la chaleur ne viennent qu'après elle, que loin derrière elle. D'ailleurs, toute philosophie de la nature repose nécessairement sur la connaissance de la lumière, de la pesanteur et de la chaleur, sur les rapports de ces trois puissances entre elles. Le point de départ de cette philosophie se trouve cependant dans une philosophie plus élevée, qui s'occupe de l'absolu, où ces trois pouvoirs sont confondus dans une commune identité; là, ces trois puissances, dépouillées d'objectivité et de subjectivité, se présentent comme autant de modifications d'un même être absolu, comme trois idées de cet être.

La première est la monade. La monade est l'unité inconditionnelle, l'unité éternellement semblable à elle-même, l'unité se reposant en elle-même. La deuxième est la dyade, c'est à dire la séparation, le déchirement de la mo-

nade en deux. La troisième est la triade, c'est
à dire l'absolue synthèse de la monade et de
la dyade; triplicité de l'idée, trinité de l'absolu déjà entrevue par les plus anciens philosophes.

Ces trois idées se manifestent dans le domaine de la nature comme pesanteur, lumière
et chaleur; elles sont identiques à ces trois
autres idées mathématiques, espace, temps
et mouvement. La pesanteur, considérée comme
identique avec la matière, la pesanteur sous
forme matérielle, étendue à travers l'espace,
peut être considérée comme le substrait de la
lumière et de la chaleur; elle est la matière
primitive au sein de laquelle la lumière et la
chaleur seront plus tard déterminées, où elles
puiseront leur signification dynamique. La lumière est la première division de la matière
première, ou de l'éther; celle-ci, sortant de
son identité et de son immobilité, se scinde en
deux pôles, et par là produit la lumière.
Aussi y a-t-il au sein de l'éther deux qualités
ou puissances opposées : une puissance centrale, c'est à dire positive; une puissance négative, ou périsphérique. Le soleil et les pla-

nètes sont les manifestations extérieures de ces deux puissances.

Entre la masse centrale de l'éther et sa masse périsphérique a lieu la tension, ou l'action polaire. Celle-ci, partant du soleil, qui est le centre positif, s'étend à travers l'éther jusqu'aux planètes. Cette action s'exerce suivant une ligne droite. Elle apparaît comme lumière. Aussi est-ce de la lumière que découlent l'activité, l'efficacité, la force créatrice de la nature; c'est de la lumière que dépendent l'être et la durée du monde.

Au moyen de la lumière, l'idée, sortant de son unité, se manifeste et devient le monde; le monde n'en est que l'image ou la forme extérieure. L'unité demeure au sein du monde comme pesanteur, partout la pesanteur se montre en opposition avec la lumière.

De ces principes découlent les conséquences suivantes : 1° l'éther, à l'état d'indifférence et de repos, est nécessairement obscur, puisque c'est sa tension qui produit la lumière; 2° l'éther, ou le substract obscur de la lumière, au moyen d'une activité qui lui est propre, entre en lutte avec la lumière; de là résulte un conflit d'activité d'où naît la chaleur ; 3° la chaleur exprime ainsi le combat de la lumière avec les ténèbres ; 4° les fonctions de la chaleur dans l'économie du monde doivent donc être en tout l'opposé de celles de la lumière. Les fonctions de la chaleur consistent, en effet, à faire cesser la tension et la différence créée par la lumière au sein des ténèbres de l'éther ; elle tend à faire rentrer toutes choses dans l'identité primitive.

L'éther est la source commune du positif et du négatif, c'est à dire de la lumière et de la pesanteur. On peut considérer la pesanteur comme le principe femelle de la nature ; la lumière, au contraire, comme le principe actif, créateur, mâle, de cette même nature.

En tant que source de la polarité universelle, la lumière doit donc recéler en elle-même une dualité primitive.

L'opposition des pôles constitue l'activité. La dualité est, par conséquent, la condition nécessaire de toute activité. Le pôle positif éveille, excite l'activité, lui donne naissance ; le pôle négatif limite, définit, détermine cette activité. L'attraction et la répulsion sont les expressions secondaires de ce grand fait de la polarité. Les pôles opposés, allant à leur rencontre réciproque, tendent à s'unir, à se confondre l'un dans l'autre; mais, en raison de la tension primitive, ils ne peuvent jamais s'unir; ils se limitent réciproquement, tout en se repoussant.

La combustion est un acte de création. Par la combustion, la matière impénétrable et terrestre est engendrée au sein de la matière primitive ou de l'éther. Cette génération a lieu par la condensation, au moyen du feu, de la substance éthérée. Dans cet acte, la lumière est considérée comme le principe générateur; la chaleur est, au contraire, le principe dissolvant, destructif. D'ailleurs c'est, comme on sait, au moyen du feu que les propriétés primitives de l'univers ont été engendrées. Dans la combustion, il se fait une séparation du principe lumineux et du principe obscur de la lumière; les produits de cette séparation sont les deux élémens primitifs (1), qui se retrouvent également dans tous les élémens,

(1) Voir *Philosophie de la nature* d'Oken.

mais qui d'ailleurs y sont à des degrés différens, différence qui provient des différens degrés de combustion suivant lesquels leur combinaison a eu lieu. Les planètes ont été le résultat de cette combustion primitive; leur existence a pour base la combinaison de ces deux principes. Toute combustion nouvelle est ainsi la création de propriétés nouvelles. Toutes choses ont été produites par le feu, elles demeurent modifiables par le feu; chose déjà enseignée par Héraclite d'Éphèse.

Schelling avait entrevu l'unité des différens modes d'action des planètes; il les considérait comme autant de modifications d'une même activité. Oken se place à ce même point de vue. Mais pour Schelling la cohésion constitue l'unité de ces modes d'action planétaire; le magnétisme, l'électricité, le chimisme peuvent en être considérés comme les différentes manifestations. A son point de vue, la cohésion est identique à la matière; la lumière en est, au contraire, l'opposé. D'après la théorie de Schelling, le magnétisme est le moment principal dans la création de la matière; mais au point de vue d'Oken, ce moment est la lumière. L'élément terrestre est, d'après Oken, le fondement et la base de toute création particulière, la lumière en est le principe créateur. La terre est la base et non le principe de la création; car tout principe a, pour ainsi dire, son côté matériel, son enveloppe terrestre sur laquelle il agit de la même manière que l'ame agit sur le corps. Or, dans son action, la lumière a pour base l'éther; le magnétisme, la terre, ou, pour mieux dire, les métaux, l'électricité, l'air atmosphérique. D'ailleurs la base, ou le corps, constitue, en outre, la limitation naturelle du principe actif ou de l'ame de la nature; mais il ne peut que limiter ce dernier principe, il ne peut le détruire ou l'anéantir.

Parmi les philosophes qui se sont consacrés à examiner la morale, la religion et l'histoire au point de vue de Schelling, nous nous bornerons à citer Schleyermacher. Il est vrai qu'il est de tous le plus important et celui qui s'est le plus attaché à la forme scientifique.

Schleyermacher donne à la religion, au

principe, au sentiment religieux une existence positive, réelle. A son point de vue, la religion est la perception immédiate de l'être universel; elle est la vision du fini dans l'infini, du passager dans l'éternel. La religion est chose tout à fait distincte de la science, de la morale, de l'art. Elle n'est pas la science, car elle est la croyance; elle n'est pas la morale, car elle est nécessaire; elle n'est pas l'art, car elle est instinctive. D'ailleurs, elle est le fondement et la racine de ces trois choses. L'union du fini et de l'infini est le but le plus élevé qu'elle puisse atteindre. Par le sentiment religieux, l'homme tend à s'élever à Dieu, à faire descendre Dieu au dedans de soi. Elle doit considérer l'histoire du monde comme la manifestation de l'esprit universel, car dans le courant de l'histoire tout arrive à l'organisation, à la vie extérieure. La religion consiste à saisir Dieu dans le monde de la nature et dans le monde de l'histoire; mieux encore, à voir en Dieu la nature et l'histoire, à les concevoir l'une et l'autre comme des manifestations de Dieu. Trouver Dieu dans le monde et dans l'homme, ce n'est pas seulement une conséquence de la religion, c'est la religion tout entière. Dans son essence, la religion n'est ni une faculté de l'esprit, ni une science, ni un art, ni un ensemble d'actes; mais elle est tout cela à la fois, en elle sont contenues toutes ces choses. Elle n'apparaît jamais dans son essence, mais elle se montre sous des formes diverses, tantôt comme religion de l'État, comme religion de la morale, comme religion de l'art, comme religion de la guerre, comme religion de la nature; en d'autres termes, tour à tour comme judaïsme, christianisme, paganisme, mahométisme et sabéisme.

Schleyermacher s'efforça encore de constituer l'éthique en une science véritable; il agit, en conséquence, à l'égard de la morale à peu près de la façon que nous venons de retracer à l'égard de la religion. Il partit de ce principe, que toute véritable éthique devait classer et ordonner les unes par rapport aux autres toutes les vertus et toutes les facultés morales de l'homme, absolument comme la philosophie de la nature explique le développement progressif de tous les produits de la nature.

Les disciples de Schelling furent nombreux. A ceux que nous venons de nommer, nous pourrions, en effet, ajouter encore Goërres, Baader, Troxler, Windischmann, Schubert, Schelver, Walther, Weber, Nass, Kieser, Ast, etc.; puis encore Schad, Klein, Thanner, Rixner, Buchner, Bachmann, Nüsslein, etc. Toutefois, il s'en faut de beaucoup que toutes les parties de la philosophie de Schelling fussent également développées. On se borna à certaines transformations de sa formule; toutes les autres furent négligées. La partie qui traite de l'absolu ne tarda pas à être abandonnée; la partie idéaliste eut le même sort. Les esprits étaient fatigués d'idéalisme. Aussi fut-ce surtout des applications de la philosophie de Schelling à l'étude de la nature que l'on se préoccupa. Les esprits se précipitèrent à l'envi de ce côté. A peine la réalité eut-elle reparu dans le domaine de la philosophie, qu'elle l'envahit tout entier. L'esprit humain marche ainsi de réaction en réaction. De là ce nom de philosophie de la nature qu'il est passé en usage de donner à l'ensemble du système philosophique de

Schelling, quoique la philosophie de la nature n'en fût, en définitive, qu'une portion. D'ailleurs, la philosophie de l'absolu ne devait pas tarder à recevoir une nouvelle forme, rigoureuse et scientifique. Le lecteur a déjà nommé l'auteur de ce grand œuvre, l'illustre Hegel.

En France, la philosophie avait fait quelques efforts pour sortir des voies matérialistes du xviii° siècle. Déjà nous avons mentionné la noble protestation de Saint-Martin contre le matérialisme éloquemment professé par Garat. Sous le nom du philosophe inconnu, Saint-Martin avait publié, plusieurs années avant la Révolution, quelques uns de ses livres, où se trouve le système spiritualiste auquel il a donné son nom. Au milieu des orages révolutionnaires grondant autour de lui, sur le sol ensanglanté et couvert des débris de la patrie, il continua ses paisibles méditations. Ses ouvrages, demeurés inconnus de la foule, écrits même parfois dans une langue convenue, n'en agissaient que plus activement peut-être sur un petit nombre d'esprits, de fidèles disciples. On le sait : la doctrine de Saint-

Martin est un mysticisme chrétien. Saint-Martin croyait trouver dans la Bible, dans les Évangiles, des paroles mystérieuses, des sens inconnus de la foule, qui devaient dévoiler les lois de l'histoire et de la création. Saint-Martin, de même que ce Jacob Bœhm, dont il s'était fait le traducteur, considérait la terre, le monde comme une sorte d'emblême du christianisme. C'est le point de vue absolument opposé de celui du matérialisme, qui n'explique le monde, l'homme, la création, que par l'action des élémens. Moins mystiques, les idées d'un autre philosophe se trouvent pourtant, sur quelques points, en harmonie avec celles de Saint-Martin : nous voulons parler de M. de Bonald. M. de Bonald n'écrivit point sur la philosophie proprement dite; mais ses théories religieuses et sociales se trouvaient encore en opposition absolue avec celles de la philosophie du xviiie siècle. La philosophie du xviiie siècle avait eu pour but principal la destruction de la monarchie française; M. de Bonald se porta le défenseur de la vieille constitution française dans son intégrité. Le premier il prêcha parmi nous la théorie d'une révélation primitive ; il soutint les idées innées, la révélation du langage à l'homme par un souffle divin. Sa théorie politique était toute chrétienne ; c'était la Bible que l'auteur de la législation primitive opposait au Contrat social. Il voyait dans la famille, non dans l'individu, l'élément de la société ; il voyait dans la constitution de la famille le modèle idéal, le type de la constitution de l'État.

Par Saint-Martin et Bonald la philosophie française tendait donc à sortir du matérialisme du xviii° siècle, à la même époque où, par l'organe de Schelling, la philosophie allemande tendait à sortir de l'idéalisme exalté de Fichte. La philosophie de Fichte repoussait énergiquement le matérialisme français ; la philosophie de Schelling se trouvait en harmonie avec la nouvelle tendance spiritualiste de l'école française.

Dans son action politique et sociale, la philosophie de Schelling agissait encore en sens inverse de celle de Fichte ; l'un et l'autre ne répondaient pas aux mêmes dispositions des esprits. Sous la domination française, Fichte est comme le titan qui ne cesse de s'agiter sous les montagnes entassées. La philosophie de Schelling ne s'adresse, au contraire, à aucune passion exaltée, violente : la contemplation de la nature, le calme et l'impartialité dans l'examen des évènemens, sont ses caractères dominans. Elle tend à une appréciation calme et réfléchie des hommes et des choses. Peut-être est-elle trop portée à se courber trop immédiatement sous le joug de la destinée; on ne sent guère en elle cette énergie qui nous met en révolte contre le despotisme des choses et des hommes. Par sa tendance, la philosophie de la nature se trouvait même plutôt en harmonie avec les dispositions de cette partie de l'Allemagne qui avait accepté, jusqu'à un certain point, l'influence de la domination française. Jusqu'au dernier moment n'eûmes-nous pas, en effet, pour auxiliaires tels et tels membres de la confédération germanique? D'ailleurs, cette philosophie emportait les esprits dans une région plus élevée que celle de Fichte. Or, celui qui s'élève dans les airs voit s'amoindrir, et enfin disparaître, les châteaux, les églises, les montagnes elles-mêmes ; celui qui s'élève dans le domaine de la spéculation voit s'amoindrir ainsi et les hommes et les choses du siècle. Les orages sont près de terre, le calme est au delà de la région des orages. Plus élevée que la philosophie de Fichte, la philosophie de Schelling devait donc contribuer à dégager les esprits des préoccupations politiques, toutes graves et tout importantes qu'elles fussent.

La philosophie de la nature, bien que son règne n'ait commencé qu'après la philosophie de Fichte, en a pourtant été contemporaine ; elles se développèrent, par conséquent, au milieu des mêmes évènemens politiques. Mais toutes deux ne pouvaient agir de la même façon sur les esprits. Tandis que Fichte représente l'héroïsme dans sa lutte avec le monde extérieur, la pensée humaine refoulée jusque dans l'intimité du moi, la pensée prête à faire une explosion d'autant plus terrible, plus subite, plus instantanée, que sa propre compression aura été plus violente, Schelling représente tout au contraire le calme profond de l'intelligence. D'ailleurs, ce n'est pas le propre des systèmes dont la base est le panthéisme d'engendrer de violentes passions. La philosophie de Schelling, vaste et étendue comme elle était, ne fit donc point une alliance aussi étroite que la philosophie de Fichte avec les préoccupations politiques de son époque. C'est tout au plus si elle n'accepte pas l'empire, non pas, à la vérité, dans ce qu'il avait d'exclusif, de violent, et, osons le dire, d'hostile même à la civilisation, mais dans ce qu'il avait de fatal, de nécessaire. Un écrivain qui, sous le ciel de l'Allemagne qu'il habite d'ordinaire, manie avec tant d'éclat la langue de sa patrie, Edgard Quinet, dans une sorte de parallèle qu'il a tracé entre les périodes principales de la philosophie allemande et les phases de la Révolution française, établit même une sorte de parallélisme complet entre la philosophie de Schelling et la domination impériale. La philosophie de la nature aurait été, suivant le chantre éclatant de Napoléon, dans le domaine de la pensée allemande, ce que fut l'empire dans le développement de la Révolution française.

Peut-être est-ce pousser l'analogie bien loin.

Contentons-nous de constater que la philosophie de la nature ne pouvait point prêter un aussi ardent appui que celle de Fichte au moment qui précipita l'Allemagne contre la France. Dans son action au sein de la réalité, comme dans son origine, dans ses principes fondamentaux, en toutes choses, enfin, elle devait être la contre-partie de l'idéalisme de Fichte.

OUVRAGES DE SCHELLING.

Idées pour établir une philosophie de la nature, servant d'introduction à l'étude de cette science. 1re partie. Leipzig, 1797, in-8°; 11e édit. refondue entièrement. Landshut, 1803. — De l'ame du monde; hypothèse de haute physique pour expliquer l'organisme universel, avec une dissertation sur les rapports de l'idéal et du réel dans la nature, ou développement des premiers principes de la philosophie de la nature appliqués aux lois de la pesanteur et de la lumière. Hambourg, 1798, in-8°, 111e édit. 1809. — Premier plan d'un système de philosophie de la nature. Iéna, 1799, in-8o. — Introduction au plan d'un système de la philosophie de la nature, ou idée de la physique spéculative, etc. Iéna, 1799, in-8°. — Système de l'idéalisme transcendental. Tubingue, 1800, in-8°. — Journal de physique spéculative, tom. 1 et 2. Iéna, 1800-1803, in-8°. — Nouveau journal. — Tubingue, 1803. — Journal critique de la philosophie, publié par *Schelling* et *Hegel*. 2 vol. Tubingue, 1802-1803, in-8°. — *Bruno*, ou du principe divin et naturel des choses. Dialogue. Berlin, 1802, in-8°; 11e édit. — Leçons sur les études académiques. Stuttgard et Tubingue, 1803, in-8°; 11e édit. conforme, 1813. — Philosophie et Religion. Tubingue, 1804. Exposition des véritables rapports de la philosophie de la nature avec la théorie de Fichte perfectionnée. Tubingue, 1806, in-8°. — Annales de médecine théorique (publiées avec *Marcus*); au tom. 1, cahier 1er : aphorismes pour servir d'introduction à la philosophie de la nature. Tubingue, 1806. — OEuvres philosophiques, tom. 1er. Landshut, 1809; contenant, outre ses dissertations antérieures, un discours sur les rapports des arts du dessin avec la nature, et une dissertation intitulée : Recherches philosophiques sur la nature de la liberté humaine, et les divers problèmes qui s'y rapportent. — Réponse à l'ouvrage de M. F. H. *Jacobi* sur les choses divines, et à l'imputation d'athéisme. Tubingue, 1812, in-8º. — Voyez encore le 111ᵉ cahier du journal général (*Allgemeine Zeitschrift von und fur Deutsche*), contenant une réponse de Schelling à une critique de son traité sur la liberté, par *Eschenmayer*.— Des divinités de Samothrace. Stuttgardt et Tubingue, 1815, in-8º ; ouvrage où sont traitées des questions de philosophie et de religion. — Sur la possibilité d'une forme générale à donner à la philosophie. Tubingue, 1795. — Du *moi* comme principe de la philosophie, ou de l'absolu dans la science humaine. Tubingue, 1805, in-8º. —Lettres philosophiques sur le dogmatisme et le criticisme, publiées d'abord dans le journal philosophique de Niethammer, 1796 ; ensuite dans les œuvres philosophiques.

LIVRE V.

HEGEL.

ARGUMENT.

PHILOSOPHIE FRANÇAISE.

Maine de Biran. — De Gérando. — Royer-Collard.

RÉACTION CONTRE LA PHILOSOPHIE DE SCHELLING.

POINT DE VUE FONDAMENTAL DE LA PHILOSOPHIE DE HEGEL.

DE L'IDÉE.

DE L'IDÉE DANS LA SPHÈRE DE LA LOGIQUE.

De l'être. — De l'existence. — De la nature.

DE L'IDÉE DANS LA SPHÈRE DE LA NATURE.

De la mécanique. — De la physique. — De l'organisme.

DE L'IDÉE DANS LA SPHÈRE DE L'ESPRIT.

De l'esprit subjectif. — De l'esprit objectif. — De l'esprit absolu.

Du droit. — De la propriété. — Du contrat. — De la famille. — De la société civile. — De l'Etat. — De l'art. — De la religion révélée. — De la philosophie, etc.

DE L'HISTOIRE.

Enchaînement des époques historiques. — Leur nécessité. — L'histoire est une révélation perpétuelle de l'humanité. — L'Orient, l'antiquité, le monde germanique, le monde moderne. — L'histoire s'enchaîne aux révolutions de la nature, à celle du monde entier.

DE LA RELIGION.

Dieu n'existe pas à la façon de la substance impersonnelle de Spinosa. — Dieu se fait, Dieu devient. — La conscience humaine est le théâtre et l'instrument de ce développement. — Les religions en sont les phases, les degrés divers. — Religion de la magie, du sortilége. — Religion des Indous. — Religion de la Perse. — Religion de l'antique Égypte. — Religion juive. — Religion chrétienne. — Religion mahométane. — Le christianisme met à jour le développement de l'idée absolue. — Interprétation de la Trinité, de la révélation, de l'incarnation.

DE LA PHILOSOPHIE.

Dernier terme du développement de l'esprit. — Rapport de la religion et de la philosophie.

PHILOSOPHIE FRANÇAISE.

Second enseignement de M. Cousin à l'École normale.

RAPPORT DE LA PHILOSOPHIE DE HEGEL AVEC LE MOUVEMENT POLITIQUE DE SON ÉPOQUE.

LIVRE V.

HEGEL.

Le philosophe de Genève, Bonnet, toujours si aimable et souvent si profond, a dit quelque part : « Mon cerveau est devenu une retraite où j'ai goûté des plaisirs qui m'ont fait oublier mes afflictions. » Il est donné à peu de gens de savoir se réfugier ainsi dans l'intimité de leur pensée, et de s'y faire une retraite inaccessible au bruit, aux agitations du monde extérieur. La chose était plus difficile que jamais pendant la durée de l'empire. Le bruit des armes étouffait les discussions de l'école ; les grands intérêts de l'humanité se décidaient sur les champs de bataille, non dans le sanctuaire de la science. Bonaparte avait d'ailleurs une haine contre les sciences philosophiques et tout ce qui s'y rattachait ; cet exercice de la pensée lui paraissait hostile à son pouvoir, par cela seul qu'il en était indépendant. Le souvenir des idéologues et sa haine pour l'idéologie le poursuivaient jusque dans sa retraite de Russie. Dans cet état de choses, les sciences philosophiques ne devaient avoir en France qu'une bien minime importance ; elles ne furent pourtant point abandonnées ; quelques signes de réaction contre l'école sensualiste, si long-temps dominante, commencèrent même à percer çà et là. Maine de Biran et M. Royer-Collard furent les organes de cette réaction.

Un mémoire sur l'influence de l'habitude, sur la faculté de penser, fut le premier ouvrage de Maine de Biran. Il s'y montre tout à fait disciple de l'école sensualiste. Son idéologie est celle de M. de Tracy, seulement il lui donne pour fondement un plus grand nombre de considérations physiologiques, les nerfs et le cerveau y jouent un rôle plus important. Les nerfs et le cerveau, voilà, selon Maine de Biran, le principe de toute impression, de tout renouvellement d'impression, de toute activité morale, de toute pensée. La pensée est un phénomène particulier de l'organisation, dont l'étude rentre dans celle de cette organisation. Toutefois, dans un autre mémoire sur la décomposition de la faculté de penser, Maine de Biran s'éloigne déjà quelque peu de cette opinion si exclusive : dans cet ouvrage, il ne se montre pas éloigné de considérer l'être intellectuel comme un principe à part et différent de l'organisme physique. Dans un troisième ouvrage, l'examen des leçons de M. La Romiguière, il va plus loin encore : là, l'ame devient pour lui un principe actif, une cause efficiente. Mais ce n'est pas tout; l'examen attentif de nos moyens de connaître le mène bientôt à douter de leur légitimité. Dans l'article consacré à Leibnitz, il professe une sorte de monadisme, qui ne diffère pas très essentiellement de celui du philosophe célèbre qu'il analyse et qu'il étudie. Les idées de vie, de force, de pure activité ont pris peu à peu le dessus dans son esprit.

A ce nouveau et dernier point de vue de Maine de Biran, deux choses existent dans l'univers : les élémens actifs et les élémens passifs. Identiques en essence, les élémens passifs et les élémens actifs sont deux forces agissant dans un sens différent. Ces deux forces se combinent de manière à nous donner le phénomène du corps. En expliquant toutes choses par des combinaisons de forces, ce système rend facilement compte des relations de l'ame et du corps. Entre l'ame et le corps il n'y a plus cette différence, cette opposition d'essence qui, au point de vue empirique, rend complètement inintelligible leur union et leur action réciproques; rien, au contraire, de plus facile à concevoir que l'action et la réaction de ces deux forces. L'une d'elles est matière, à la vérité, et l'autre esprit; mais ce ne sont là que des manières d'être différentes d'une substance une et identique.

M. de Gérando publiait deux ouvrages intitulés : l'un, *de la génération des connais-*

sances humaines ; l'autre, *des signes et de l'art de penser considérés dans leurs rapports mutuels*. Ces deux ouvrages ne sont qu'une nouvelle exposition des idées de Condillac, qu'une nouvelle application de sa méthode. Aussi M. de Gérando ne s'arrêta-t-il pas à ce point, et se livra bientôt à l'histoire de la philosophie. De là l'ouvrage intitulé : *Histoire des systèmes de philosophie comparés*. Dans ce livre, M. de Gérando se propose de faire l'histoire de tous les systèmes de philosophie, de toutes les philosophies qui se sont succédé ; sujet vaste, fécond, magnifique s'il en fut ; histoire d'une inexprimable profondeur, où vient se formuler comme en une espèce d'algèbre l'histoire de tous les temps, de tous les siècles. Mais ce sujet si vaste, M. de Gérando trouva le moyen de le rétrécir singulièrement. D'abord, c'est du point de vue de la philosophie condillacienne, pour lui le dernier terme du progrès, l'apogée de l'esprit humain, qu'il se propose de juger toutes les philosophies ; mais, comme si ce point de vue n'était pas déjà assez exclusif, il le rétrécit encore. Il n'expose pas tels et tels systèmes dans leurs individualités, en cherchant à se pénétrer de leur esprit; il ne se met point en peine du lien qui les unit; il ne fait point entrevoir au lecteur comment tous forment dans leur ensemble un tout complet, ayant une profonde unité sous des formes diverses, il ne l'essaie même point. Loin de là, M. de Gérando se contente d'examiner tous les systèmes philosophiques par un seul côté, pour mieux dire par un seul point, *la génération des connaissances humaines.* L'école sensualite attachait, comme on sait, une grande importance à cette question; il est d'autres écoles où elle est fort secondaire, d'autres où elle est pour ainsi dire nulle. Sans tenir compte de tout cela, M. de Gérando appliqua indistinctement à tous les systèmes philosophiques cette même mesure. Il ne veut voir en chacun d'eux que la manière dont il a résolu cette seule question; c'est une sorte de lit de Procuste, où il les couche indistinctement tour à tour Notez encore qu'il admet la solution condilacienne de cette question comme définitive, comme suprême. Aussi n'est-ce même pas, à vrai dire, sur la façon dont ils résolvent cette question, considérée d'une manière absolue, qu'il les classe et les juge, mais seulement sur le degré d'analogie que leurs solutions présentent avec celle de Condillac. Il est peu d'idées aussi singulières ; elle l'est tellement qu'elle demeurerait vraiment inexplicable à qui ne connaîtrait pas la sorte de fanatisme qui caractérisa parmi nous les derniers disciples de notre philosophie du xviiie siècle. Il en est des systèmes de philosophie comme des institutions politiques, leurs plus exclusifs partisans se montrent le plus souvent à leurs derniers jours ; on dirait qu'ils arrivent pour conduire le deuil.

Nous venons, en effet, de nommer les derniers disciples de la philosophie du xviiie siècle. L'école sensualiste ne devait pas tarder à être sérieusement et vivement attaquée ; ce fut par M. Royer-Collard, l'orateur si populaire de la restauration, aujourd'hui silencieux et comme déporté sur son banc. Déjà nous avons montré comment, en admettant le grand principe de Condillac, à savoir que l'homme intérieur, que l'homme moral est tout entier dans la sensation, on se trouve amené à douter de la réalité du monde extérieur. On arrive du moins presque inévitablement à cette conclusion : c'est que, s'il existe, il n'est ni visible, ni palpable pour nous, qu'en d'autres termes il est pour nous comme s'il n'était pas. M. Royer-Collard, se plaçant sur ce terrain à son point de départ, essaya de montrer comment l'*idéalisme* était, en définitive, au fond du traité des sensations. Ne s'arrêtant pas là, M. Royer-Collard reprochait encore à la psychologie de Condillac de ne pouvoir rendre compte des idées de substance, de cause, de durée, d'étendue. De quelque manière qu'il s'y prenne, le sensualisme ne saurait, en effet, ramener ces idées aux impressions produites sur nos sens par les objets extérieurs. A quelle classe de sensations rapporter ces notions? L'analyse de Condillac se tait sur cette question, impuissante qu'elle se trouve à la résoudre. Elle se tait de même sur un grand nombre d'autres notions, d'autres sentimens, d'autres idées qui sont en nous ; et pourtant ne nous ont pas été transmis par les organes de la sensation. M. Royer-Collard se trouvait dès lors en droit de reprocher à l'idéologie de Condillac, perfectionnée par M. de Tracy, d'être incomplète, de nier une grande partie de l'homme, d'être inhabile à l'expliquer sans la mutiler.

Au point de vue pratique, le professeur de la Sorbonne se trouvait sur un terrain bien meilleur encore. Si l'homme n'est que sensitif, si l'homme est tout entier dans la sensation, l'homme n'a donc rien de mieux à faire sur la terre que de céder à la sensation ; il se trouve entièrement réduit aux jouissances physiques ; le plaisir, le bien-être ou l'intérêt sont ses seuls mobiles. Toutefois, un grand nombre d'objections s'élèvent, Dieu merci, contre cette doctrine dégradante. Le sentiment du devoir, profondément gravé dans le cœur de l'homme, était une unanime aussi bien qu'invariable protestation contre les doctrines matérialistes. Le professeur s'emparait de ce sentiment pour démontrer que, dès qu'il existe, la philosophie matérialiste est incomplète. Dès lors, il se trouvait en droit de substituer la philosophie écossaise à la philosophie de la sensation. Cette philosophie, en admettant un sens moral différent de ses sens physiques, expliquait, jusqu'à un certain point, la présence dans l'homme de certaines idées, de certaines notions qui ne pouvaient lui arriver par ses sens extérieurs. A l'aide de cette supposition, M. Royer-Collard approfondissait plus qu'elle ne l'avait encore été en France la connaissance de l'homme; il essayait de jeter les fondemens d'une morale scientifique. Lorsque M. Royer-Collard reprochait au matérialisme ses odieuses conséquences pratiques, il faisait surtout, assure-t-on, une grande impression sur son auditoire. Ce genre d'argumentation manque rarement son effet sur un public nombreux. Depuis ce temps, M. Royer-Collard a paru sur un autre théâtre, où l'on a été à même d'apprécier de nouveau l'autorité et la puissance de sa parole.

M. Royer-Collard était alors le représentant de l'école écossaise. Jusque-là cette école était demeurée sans influence sur le public français, inconnue du plus grand nombre, même des esprits cultivés; mais, dès lors, bien que les événemens politiques qui ne tardèrent pas à survenir aient arrêté parmi nous le développement des études philosophiques, on peut considérer cette école comme dominante parmi nous. L'école sensualiste, qui avait eu long-temps de grands talens à son service, continua d'avoir encore un certain nombre de disciples; mais on peut dire que l'initiative fut transportée à l'école écossaise. M. Royer-Collard, continua à en professer les doctrines à la tribune politique. Ses élèves répandirent parmi nous les livres de Dugald-Stewart; enfin ils ne tardèrent pas eux-mêmes à monter dans la chaire de leurs devanciers. Ces continuateurs de M. Royer-Collard, on les a déjà nommés : ce sont MM. Cousin et Jouffroy. M. Cousin (que cette justice lui soit rendue) se fit même long-temps gloire de cette descendance philosophique : « Je ne puis me défendre d'une émotion profonde, disait-il, en me retrouvant à cette chaire où m'appela, en 1815, le choix de mon illustre maître et ami, M. Royer-Collard. » L'enseignement de

M. Royer-Collard, bien que sa sphère d'action ait été, en définitive, assez limitée, ne fut donc point stérile. Il fut la première protestation vraiment sérieuse, et, pour ainsi dire, officielle contre le sensualisme du xviiie siècle, qu'il adoptait en même temps dans ses résultats légitimes.

Si M. Cousin, dans son premier enseignement, s'inspirait beaucoup de la doctrine de M. Royer-Collard; à l'époque de son second enseignement, si brillant et si retentissant, ses idées avaient subi beaucoup de modifications. M. Jouffroy, continuant la même tâche plus directement, demeura donc parmi nous le véritable (je n'ose dire le seul) organe de l'école écossaise. Nous lui devons une élégante interprétation des œuvres de Dugald-Stewart. Il fit précéder ce travail d'une assez longue introduction, où il traite des phénomènes intérieurs et de la possibilité de constater leurs lois, de la transmission et de la démonstration des notions de science, du sentiment des physiologistes sur les faits de conscience, du principe des faits de conscience; quatre questions auxquelles M. Jouffroy ramène l'exposé de toute sa doctrine, qui se résout, en définitive, à celle de l'école écossaise. Admirons-y la netteté de vue, la clarté, l'abondance d'expressions, la facilité d'analyse de l'auteur. Mais ce livre n'eut et ne pouvait avoir d'autres effets que de tenir de plus en plus les esprits en éloignement et en défiance de la philosophie de la sensation ; nous ne saurions donc nous en occuper plus longtemps. En nommant ici M. Jouffroy, nous avons eu même plus d'égard à la nature qu'à la date de son œuvre ; nous avons oublié le contemporain de Hegel et du second enseignement de M. Cousin, pour nous occuper de l'ami, du disciple, du continuateur de M. Royer-Collard. Nous avons donc à rétrograder d'un grand nombre d'années pour assister aux commencemens de la philosophie de Hegel, et nous enquérir de son origine.

La philosophie de Schelling avait brisé le dogmatisme impérieux de Fichte; elle fit craquer, pour ainsi dire, les étroites et froides abstractions de ce système ; elle rendit l'air et la lumière aux esprits qui s'y trouvaient emprisonnés. En mettant en pièces ces formules, Schelling leur substitua une sorte d'inspiration poétique; il détruisit, jusqu'à un certain point, la forme scientifique qu'avait eue jusque-là la philosophie de Wolff, de Kant, de Fichte. Sur ses pas, la foule se précipita dans le domaine de la nature qu'il rendait à la spéculation. On eût dit une nouvelle prise de possession de la terre : c'était à qui étudierait avec le plus d'ardeur la philosophie de la nature, à qui l'étendrait à de nouvelles applications, à qui la formulerait en système plus complet. Au point de vue de son auteur, cette philosophie de la nature n'était, en définitive, qu'une partie d'une autre philosophie plus vaste, plus élevée; mais ce ne fut point ainsi qu'elle fut acceptée. Les autres parties de la philosophie de Schelling ainsi négligées, mises de côté, la philosophie de la nature devint la doctrine dominante; elle régna sur la foule des penseurs. Mais en même temps la forme scientifique qu'avait depuis long-temps la philosophie fut abandonnée; il en fut de même de la philosophie de l'idéal, de l'idéalisme. Ces deux résultats ne sauraient, il est vrai, être personnellement imputés à Schelling : il a souvent nié que telle ait été son œuvre; à l'heure qu'il est peut-être le nie-t-il encore. Ils n'en sont pas moins réels; ils ont été la conséquence de la sorte de réaction que la philosophie de la nature devait engendrer contre la philosophie de Fichte, et il était nécessaire de le dire dès à présent.

Jusqu'à un certain point, la philosophie de Hegel devait, en effet, être à son tour une réaction contre la philosophie de la nature, ou du moins contre les conséquences de cette philosophie. Hegel devait enlever la philosophie à la préoccupation exclusive de la nature, et lui rendre son caractère d'universalité; il devait embrasser et systématiser de nouveau l'ensemble de la connaissance humaine; Hegel devait encore (ce sera peut-être là la plus solide partie de sa gloire) la soumettre de nouveau à une méthode plus logique, l'enfermer encore une fois dans de rigoureuses formules, la revêtir d'une forme inflexible et scientifique.

D'abord disciple de Schelling, Hegel ne devait point tarder à s'en séparer; cette indépendance se manifeste même déjà dès ses premiers écrits. Dans le traité ayant pour titre *Croire et savoir,* analysant les trois philosophies de Kant, de Jacobi et de Fichte, il leur reproche à toutes trois de ne s'enquérir que du seul côté subjectif des choses. Le système de Jacobi est celui qu'il maltraite le plus, et que dans cette revue il classe le plus bas ; il va jusqu'à lui refuser toute valeur scientifique. Vint ensuite le traité sur la différence entre les doctrines de Fichte et de Schelling. Dans ce traité, Hegel expose avec beaucoup de lucidité ces deux systèmes, il en donne une idée fort nette ; déjà il laisse, en outre, entrevoir quelque chose des moyens qu'il emploiera plus tard pour confondre en un même système ces deux idéalismes, dont l'un a sa racine dans le subjectif, l'autre dans l'objectif, l'un dans l'esprit, l'autre dans la nature. Dans la *Phénoménologie de l'esprit* (publiée pour la première fois en 1807), les mêmes efforts deviennent plus manifestes, le résultat qu'ils devront atteindre plus immédiat. Dans ce livre, Hegel cherche à démontrer comment le *moi* en soi et pour soi passe successivement par divers degrés de développement;

d'abord conscience, conscience de soi-même ; puis raison réfléchissante et agissante ; puis raison philosophique, se connaissant et s'analysant soi-même ; puis s'élevant jusqu'à la notion de Dieu, puis se manifestant sous la forme religieuse. Dans ce livre, Hegel essayait encore de fonder la science de l'esprit se saisissant, se comprenant, se développant par lui-même ; c'était le péristyle de l'édifice qu'il devait élever plus tard. Déjà même il y laisse entrevoir le principe qui sera le fondement de sa philosophie : ce principe est l'identité de l'existence et de la pensée, de la raison et de la réalité.

Dans sa logique (1812 à 1816), Hegel faisait encore d'autres efforts dans le même sens. La logique n'est pas pour lui le simple recueil des formes vides et abstraites de la pensée ; la logique lui apparaît comme la science de l'idée se suffisant à elle-même, comme la science de la vérité, de la réalité des choses. Jusque-là la logique ne s'attaquait qu'au côté extérieur, à la forme même de la pensée ; elle se bornait à considérer seulement la déduction des idées, l'enchaînement des raisonnemens et des jugemens, en les rapportant à certaines lois. Elle se considérait, d'ailleurs, comme étrangère à la création de toutes ces choses ; elle ne s'ingérait pas d'entrer dans leur essence, de pénétrer dans leur intimité. Aussi n'était-elle qu'un point d'appui à l'esprit humain dans ses efforts pour arriver à la science, qu'une sorte de garde-fou l'empêchant de tomber dans l'erreur, sans lui enseigner quoi que ce fût qu'elle sût tirer d'elle-même ; elle était, en définitive, une science de formes, non de choses. Mais, au point de vue de Hegel, le rôle de la logique n'était plus celui-là. Hegel admettant l'identité de la pensée et de la réalité, il en résultait que ce qui était vrai de la pensée devenait vrai aussi de la réalité ; les lois de la logique devenaient lois ontologiques, la logique elle-même se trouvait convertie en une véritable ontologie. En partant de ce point de vue, Hegel s'attachait à saisir la pensée dans son essence et dans ses modifications ; il cherchait à expliquer ce mouvement dialectique au moyen duquel, en raison d'une impulsion qui lui est propre, elle se porte incessamment en avant, puis revient sur elle-même; et toutes ces choses, ne cessons de le répéter, avaient, au point de vue de Hegel, une portée tout autre que dans l'ancienne logique.

L'Encyclopédie des sciences philosophiques fut un manuel destiné aux étudians qui suivaient les cours de Hegel. Dans ce livre, il embrasse l'ensemble de son système; c'est le système lui-même réduit à son idée la plus abstraite, à sa formule la plus générale : forme qui rend plus évidens la tendance des idées de Hegel, leurs déductions, leur enchaînement, leur systématisation. Ici encore, la logique est considérée comme la base de toute ontologie. Hegel prend son point de départ dans l'idée; il la considère comme l'essence, la substance première; il l'analyse, l'étudie d'abord en elle-même, puis dans la nature, puis dans l'esprit de l'homme individuel au point de vue purement subjectif, puis dans la réalisation extérieure au point de vue objectif, puis enfin sous le point de vue qu'il appelle absolu, c'est à dire se manifestant dans l'art, dans la religion, dans la philosophie, dernier degré de ce développement. Dans *le Droit naturel*, dans *la Science de l'État,* publiés en 1821, Hegel donna ensuite une systématisation plus complète de la partie sociale de sa doctrine.

En tout et partout, Hegel cherche l'unité ; c'est le caractère propre de sa philosophie. Dès ses premiers ouvrages, il semble avoir pris à tâche, s'être proposé pour but de bannir le dualisme de la philosophie. Cette unité, il la voit dans l'identité de l'existence et de la pensée, chose qu'il ne faut jamais perdre de vue.

Mais cette pensée, soit qu'elle se manifeste dans Dieu, soit qu'elle se manifeste dans l'homme, doit se conserver identique à elle-même ; si cela n'était pas, nous retrouverions le dualisme sous une autre forme. Dieu, en tant qu'esprit, ne diffère donc en rien de l'esprit de l'homme : il est cet esprit même, il se manifeste par l'intelligence humaine. Dieu existe donc parmi nous, mêlé à nous, au dedans de nous : pour nous, Dieu est en tout et partout. Comme il existe aussi pour soi, qu'il est doué de personnalité, il a sans doute la conscience de soi en soi-même ; mais il a aussi conscience de soi dans la conscience des hommes. Il est non seulement mêlé, identifié à l'intelligence humaine, mais encore il se déploie et se réalise dans cette intelligence ; c'est là un de ses modes de manifestation. Le mouvement progressif de l'intelligence humaine, considéré dans l'humanité, est donc une révélation constante de l'humanité à elle-même et de Dieu à l'humanité. Mais insistons sur ce point, c'est à l'humanité, à l'homme collectif que Dieu se révèle, non pas à l'homme individuel, non pas à tel ou tel homme.

Cette doctrine n'est point contradictoire avec l'orthodoxie catholique, elle semble, au contraire, lui être empruntée ; elle n'est, pour ainsi dire, que la traduction en langue philosophique du grand et magnifique dogme de l'incarnation.

Est-ce là ce que l'on est convenu d'appeler panthéisme? Oui, et non, suivant le sens qu'on voudra donner au mot panthéisme. La condition fondamentale de tout panthéisme, c'est l'identification du monde en Dieu ; c'est le contraire de l'athéisme : l'athéisme, c'est à dire le matérialisme, ne voit Dieu nulle part ; le panthéisme le voit partout. Au point de vue du vulgaire, il n'est pourtant pas rare de voir toute doctrine panthéiste être accusée d'athéisme ; mais ce n'est là qu'un préjugé. La foule, je dis la foule des penseurs, dès qu'elle aperçoit un philosophe en quête de l'unité, n'est que trop disposée à supposer qu'il ne veut ou ne peut trouver cette unité qu'en niant Dieu, qu'en le bannissant du monde ; toutefois, cette supposition est non seulement le plus ordinairement, mais même presque nécessairement fausse. La supposition opposée serait beaucoup plus voisine de la vérité. L'homme qui médite sera souvent enclin à nier la réalité des choses finies, et jusqu'à un certain point cela lui sera même toujours possible. Tel est, en effet, le fondement de tout scepticisme. Mais nier Dieu, ou, en d'autres termes, nier l'ensemble des forces, de l'activité, des notions abstraites dont nous avons besoin pour concevoir l'univers, c'est là ce qu'il est difficile, sinon impossible de faire. Spinosa, par exemple, si long-temps accusé d'athéisme, Spinosa distingue la substance et les modifications de la substance ; il n'accorde d'existence réelle qu'à la substance, tandis qu'il nie la réalité substantielle des modifications de la substance, c'est à dire des choses finies; il nie ainsi le monde, non Dieu. Il serait plus vrai de l'accuser d'*acosmisme* que d'athéisme. Il n'y a donc pas à s'occuper de cette accusation d'athéisme et de panthéisme sur laquelle Hegel revient souvent; qu'importerait d'ailleurs qu'une vérité choquât ou ne choquât pas les idées reçues ? L'essentiel, pour le philosophe, c'est qu'elle soit la vérité.

Au point de vue de Hegel, l'idée, ou la notion, est ce qui est; l'idée est la substance vivante, substance qui, au moyen d'un mouvement progressif, jamais interrompu, se manifeste sous telle et telle forme de l'existence réelle. L'idée et la réalité, à ce point de vue, sont donc inséparables, et forcément inséparables, ou, mieux encore, sont identiques. Il serait également absurde de supposer l'idée hors de la réalité, ou la réalité hors de l'idée. L'*être* ne saurait être indépendamment de sa manifestation; réciproquement, la manifestation ne saurait être indépendamment de l'*être*. Or, l'être c'est l'idée, la réalité, c'est la manifestation de l'idée s'exprimant en raison du mouvement progressif dont elle est douée; et ce mouvement progressif de l'idée et son identification avec la réalité apparaissent surtout dans le développement philosophique de l'esprit humain. La philosophie est, en effet, le point le plus élevé, le point culminant de cette évolution de l'idée. Or, dès le premier coup d'œil que vous jetez sur l'histoire de la philosophie, ne vous apercevez-vous pas que les divers systèmes de philosophie se succèdent nécessairement? Ne devient-il pas évident pour vous que les philosophies ne sauraient jamais être autres qu'elles sont à l'époque où elles existent; que cela leur est tout aussi peu possible qu'il ne l'est à un homme quelconque de vivre à une autre époque de celle où il vit? Chaque système de philosophie paraît donc toujours dans le temps qui lui est propre; il constitue une phase nécessaire dans le développement de l'esprit humain. C'est une station, un point d'arrêt, qu'il ne peut éviter : l'esprit humain ne saurait s'arrêter avant de l'avoir atteint; il ne saurait non plus passer par dessus, l'enjamber, pour ainsi dire, afin d'aller au delà.

Il arrive nécessairement à cette station, s'y

installe provisoirement, puis l'abandonne au bout d'un certain temps pour gagner une autre station plus élevée. Or, ce que nous venons de dire de la philosophie est vrai de tou es autres choses, est vrai du développement de l'idée dans toutes les sphères de la pensée ou de la réalité. En raison de ce mouvement évolutif jamais interrompu, rien n'est, tout se fait, tout devient; conceptions, notions, idées particulières, s'engendrent réciproquement, sortent nécessairement les unes des autres. L'idée étant donnée, étant posée au sein du néant par une main inconnue, tout s'engendre de cette idée, au moyen du mouvement évolutif que nous signalons; tout en sort de la même façon que, dans les sciences mathématiques, du point sortent la ligne, puis les surfaces, puis les corps, en un mot l'universalité des choses existantes.

Ces considérations ne devront jamais être perdues de vue pour l'intelligence de l'espèce de systématisation de Hegel, que nous allons essayer. Ce mouvement progressif de l'idée constitue, à vrai dire, tout le système de Hegel. Mais d'abord nous nous demanderons, comme il le fait lui-même en commençant un travail analogue : qu'est-ce que la philosophie?

La philosophie et la religion, suivant Hegel, ont un même but, s'occupent du même objet : toutes deux s'enquièrent de Dieu, de la nature, de l'humanité; toutes deux s'efforcent de pénétrer dans l'essence de cette mystérieuse Trinité, de déterminer les rapports des membres qui la composent. La religion vit d'une sorte de révélation qui lui est faite sur toutes ces choses par le souffle d'en haut; la philosophie n'en est que la contemplation réfléchie; quoi qu'il en soit, la philosophie n'embrasse pas moins l'universalité des choses.

L'esprit humain n'apparaît pas immédiatement comme objet de la pensée; sa propre forme demeure cachée en lui, elle n'apparaît pas immédiatement dans les objets auxquels il s'applique, que par conséquent il contient. La philosophie n'en sait pas moins séparer, différencier entre elles les formes de la pensée; elle les examine, les classe, les analyse. Elle cherche à déterminer les modes de notre connaissance par rapport à la religion, à la vérité générale, etc. Elle s'occupera du développement de l'esprit humain, soit dans le monde extérieur, soit dans le monde intérieur, dans la nature et dans la conscience. Elle séparera soigneusement, dans la connaissance, le contenant et le contenu : le contenant sera l'ensemble des formes appliquées par l'esprit humain aux objets de la connaissance ; le contenu sera l'ensemble de nos représentations, sensations, images, jugemens. Elle montrera en quoi consistent ces deux sortes de choses en elles-mêmes, en quoi consistent les rapports qui les unissent. On attribue généralement à Aristote la maxime fameuse : « Il n'y a rien dans l'intelligence qui n'ait été dans les sens; » mais la maxime contraire est tout aussi vraie; on peut tout aussi bien dire : « Il n'y a rien dans les sens qui n'ait été dans l'intelligence. » On pourrait même aller plus loin encore : on pourrait aller jusqu'à dire que c'est l'esprit qui crée le monde. Quand nous considérons, en effet, la connaissance, par rapport à son côté subjectif, elle a un caractère de nécessité, d'invariabilité; quand, au contraire, on la considère dans son côté objectif, elle a un caractère d'accidentalité, de contingence. Toute bonne philosophie devra tendre à concilier les deux maximes citées.

Pour déterminer les objets de la connaissance, il faut discuter d'abord en quoi consistent nos facultés de connaître, à quoi, par conséquent, elles se peuvent ou se doivent appliquer. Ici se présente une difficulté : comment connaître la connaissance? Ne manquons-nous pas d'instrument pour saisir l'instrument de la connaissance? Vouloir connaître en dehors du domaine de notre connaissance, ne serait-ce pas vouloir nager hors de l'eau, voler dans le vide, etc.? Ce n'est donc que dans notre connaissance que nous pouvons étudier nos moyens de connaître. L'esprit ayant des images, des représentations, la pensée se place en opposition à ces images, à ces représentations ; elle revient ensuite sur elle-même; puis, se prenant pour objet, elle s'examine par rapport aux modifications que lui ont fait subir ces images, ces impressions, par rapport à l'impression qu'elles ont produite. Dans ce mouvement de retour sur elle-même, se dégageant des objets extérieurs, revenant sur elle-même, elle s'examine, sous ce point de vue, dans les formes qu'elle a imprimées aux notions extérieures ; elle crée de la sorte une science immédiate. Elle se sert, pour cela, des matériaux que lui ont fournis certaines sciences par leur tendance à s'élever aux espèces, aux lois générales, etc.

Après ces considérations préliminaires sur l'emploi de nos facultés, Hegel, entrant plus directement dans son sujet, s'enquiert d'un point de départ; comme Schelling, il le prend le plus éloigné possible du monde sensible, visible, phénoménal.

DE L'IDÉE.

Par la pensée supposons brisées les formes des choses sensibles, visibles, palpables; effaçons les qualités par lesquelles elles se différencient les unes des autres, au moyen desquelles chacune d'elles a une existence qui lui appartient en propre. Faisons plus : à cette masse confuse, à ce chaos enlevons l'étendue; supposons que cette étendue se soit resserrée de plus en plus, qu'elle ait fait comme un cercle qui, se rétrécissant de plus en plus, viendrait à se confondre avec son centre ; que toutes les propriétés qui dérivaient de l'étendue ou ne pouvaient se manifester à nous qu'à l'aide de l'étendue, obéissant à un mouvement analogue, soient pour ainsi dire rentrées les unes dans les autres. Supposons que tout ce qui existe, choses et propriétés des choses, ne soient plus qu'en germe ou qu'en puissance d'être; en un mot, faisons abstraction de l'étendue. Opérons enfin sur les représentations de notre intelligence d'une matière analogue à celle que nous venons d'employer sur les choses réelles. Il se passerait alors, par rapport à nos notions, à nos représentations, quelque chose d'analogue à ce que nous avons supposé dans les choses. Nos représentations se dépouilleraient de même peu à peu de ce qui les différencie ; elles se confondraient, rentreraient, pour ainsi dire, les unes dans les autres, de manière à n'être qu'en germe, qu'en puissance d'être. Bien plus, ces deux choses se passeront pour ainsi dire simultanément. L'intelligence humaine n'étant, à certains points de vue, qu'un miroir réfléchissant le monde extérieur, il est clair que le brisement de ce monde, que l'anéantissement apparent de ce monde, devront se réfléchir dans le miroir, comme le monde lui-même s'y était jusque-là réfléchi.

En raison de cette supposition, les êtres sont devenus un seul être, qui, à vrai dire, n'existe qu'en puissance d'être; ils ont acquis la plus haute unité à laquelle ils puissent s'élever en tant qu'êtres. Il en est de même des notions : elles sont devenues une notion une, n'existant aussi qu'en puissance d'être. Or, supposons-les maintenant confondues dans une autre unité plus haute encore, plus une, s'il m'est permis de parler de la sorte, que ces deux unités : cette autre unité sera l'absolu, ou l'idée (mots synonymes au point de vue de Hegel); l'absolu, qui sera à la fois l'être pur et la notion pure, l'être et l'idée, l'idéal et le réel, qui sera aussi le point d'où l'univers devra sortir un jour. C'est là l'œuf cosmogonique où la philosophie hegelienne couve le monde; elle l'en fera sortir au moyen d'une série de transformations ou de développemens divers.

Mais il s'agit de trouver d'abord la loi suivant laquelle s'engendreront ces développemens successifs : ce sera la loi suprême du monde.

DU DÉVELOPPEMENT DE L'IDÉE.

Ce grand tout sans étendue, qui n'existe pas dans le temps, qui n'a ni qualités ni propriétés visibles, a absorbé dans son sein toutes les réalités possibles. Aucunes choses n'y sont, et toutes y sont en puissance d'être; elles en sortiront au moyen d'une sorte de faculté de se manifester extérieurement qui se trouve au sein de cette masse, ou, pour mieux dire, de ce germe. Cette faculté une fois mise en jeu, tout ce qui a été absorbé par cette masse, qui n'est ni visible ni palpable, en ressortira à son tour pour apparaître de nouveau, pour se présenter à la surface. La masse entière subira diverses manifestations qui toutes se succéderont, qui toutes seront liées les unes aux autres. Il en résultera que chacune d'elles sera aussi nécessaire que les autres, elles s'engendreront et se résumeront réciproquement : il se fera comme une sorte de bouillonnement intérieur au moyen duquel tout ce que nous avons supposé avoir été absorbé dans la masse cosmogonique en rejaillira à l'extérieur ; il se fera, si on l'aime mieux, une sorte de mouvement de rotation, au moyen duquel elle manifestera tour à tour, produira extérieurement tout ce qui était primitivement caché dans son sein. On pourra encore se représenter ce mouvement par l'image du chêne qui sort du gland, pour passer par certains degrés de développement qui s'engendrent réciproquement. Toutefois, si ces images sont nécessaires pour aider à saisir cette idée, il faut les effacer de notre esprit, les en repousser. Toutes ces manifestations ne partent pas d'un point pour se rendre à un autre : nous parlons du développement ; mais il faut concevoir ce développement comme s'exécutant tout autrement que le développement que subissent sous nos yeux les choses visibles et sensibles. Remarquons, en effet, que ce développement s'exécute en dehors de l'espace et du temps, abstraction faite de l'espace et du temps.

Dans cette série de manifestations, trois époques principales peuvent être comptées.

L'idée se revêtira d'abord de qualités abstraites, elle se déterminera comme qualité, quantité, objectivité, etc. : ce sera la logique : elle apparaîtra comme monde extérieur, elle se développera dans la nature; enfin elle continuera ce développement comme esprit. Tel est le cercle inévitable de ses manifestations diverses.

Ces trois périodes du développement total de l'absolu ne constituent pas trois mouvemens progressifs distincts; elles appartiendront à un seul et même mouvement, mais qui se prolonge dans trois sphères séparées. Toujours aussi ce sera l'absolu, l'être identique à lui-même, qui accomplira ce mouvement. D'ailleurs, insistons sur ce point, le terme de ces trois périodes du développement général résumera nécessairement tous les termes précédens. L'absolu rentrera, pour ainsi dire, dans le germe d'où il était sorti, mais contiendra, résumera tous les degrés du développement de l'absolu dans la période évolutive que l'absolu vient de parcourir. Sous quelques rapports, il y aura donc une sorte d'opposition entre ces deux termes : l'un se trouvera au commencement, l'autre à la fin d'une période évolutive. Pour rendre ceci plus facile à comprendre, empruntons à l'ordre physique une image dont nous nous sommes déjà servi.

Voyez ce gland semé en terre : un arbre s'en dégage, qui sort de terre, croît, grandit, passe par diverses phases de développement toutes liées les unes aux autres, toutes s'engendrant réciproquement. Au bout de tout cela, l'arbre produit un nouveau gland. Dans ce gland nouveau sont venus se résumer tous les termes des développemens précédens; l'arbre est, pour ainsi dire, rentré dans le gland. Ces deux glands, celui dont le chêne est sorti et celui qu'il porte, sont physiquement identiques; toutefois, à un point de vue purement métaphysique, cela n'est pas. L'un de ces glands contient en lui les développemens futurs du chêne, l'autre en contient les développemens passés; de l'un le chêne devait sortir, dans l'autre il est venu se résumer ; l'un contenait un chêne qui n'était pas encore, l'autre contient un chêne qui n'est plus. Bien qu'identiques sous certains rapports, sous d'autres rapports ces deux glands n'en sont donc pas moins différens, pour mieux dire, moins opposés.

Ainsi, à la fin de chacune de ses périodes de développement, l'idée, après s'être montrée sous un grand nombre de déterminations, se reproduira comme idée; mais alors elle différera tout autant de l'idée primitive, bien que lui étant identique, que le gland produit par le chêne diffère du gland d'où le chêne est sorti.

Cela posé, suivons donc l'idée dans les trois sphères où elle doit se développer, dans la logique, dans la nature, dans l'esprit. Dans ces trois sphères, nous indiquerons d'abord l'espèce de formule dans les liens de laquelle Hegel a enchaîné ses raisonnemens; nous indiquerons ensuite quelques uns des résultats principaux auxquels il est parvenu.

DE LA LOGIQUE.

Nous ne saurions trop le répéter : dans le système de Hegel le mot logique doit être pris dans une acception tout autre qu'il ne l'est ordinairement en philosophie. Le mot logique ne s'entend ordinairement que de certaines règles appliquées à nos jugemens, à nos raisonnemens, en un mot, à nos idées; mais, à ce point de vue, l'idée ne s'entend que de l'ensemble des notions et des représentations qui sont dans l'intelligence humaine; l'idée n'a qu'une existence purement subjective. Il n'en est pas de même au point de vue hegelien. L'idée n'a pas seulement une existence subjective, elle en a tout aussi bien une objective; en elle se réunissent l'idéal et le réel. Il en résulte que les lois du déploiement de l'idée sont aussi les lois de développement du réel. Il y a identité au fond de ces choses; ce sont les mêmes choses considérées de points de vue différens. Ainsi la logique, ou l'ensemble des règles appliquées à l'enchaînement, au déploiement de l'idée, aura une tout autre signification dans la philosophie de Hegel que dans la philosophie ordinaire : ces lois, ces choses n'auront pas seulement une valeur, une existence purement idéale ou subjective; elles en auront aussi une objective ou réelle.

Les déterminations de l'idée dans la sphère logique seront parallèles aux déterminations de l'idée dans la sphère de la nature et dans celle de l'esprit; seulement elles les auront nécessairement précédées, elles seront le premier degré du développement de l'idée. Les déterminations de l'idée dans la sphère purement logique seront comme une sorte de germe où se trouvent contenus le monde de la nature et le monde de l'esprit; en elle ces deux mondes préexistent déjà, de la même façon qu'on dit, au point de vue vulgaire, que dans l'intelligence de Dieu le monde préexistait à sa création.

DE L'IDÉE, DANS LA SPHÈRE DE LA LOGIQUE.

Dans la sphère de la logique, l'idée se manifeste sous trois grandes faces différentes; pour employer le langage hegelien, elle se détermine de trois façons différentes : comme être, comme essence, comme notion.

En tant qu'être, elle subit trois autres déterminations secondaires : elle se détermine comme qualité, comme quantité, comme mesure. Puis chacune de ces trois déterminations, déjà secondaires, se sous-détermine en trois autres qui le sont davantage encore : la qualité se détermine en existence, en puissance d'être, en existence réalisée, en existence en soi, pour soi; la quantité se détermine en quantité pure, en quantité déterminée, en degré ou nombre.

L'essence se détermine de ces trois façons : comme substance, comme phénomène, comme réalité; chacune de ces trois déterminations, déjà secondaires, se sous-détermine en trois autres déterminations plus secondaires encore: la substance en puissance d'être, en existence, en chose; le phénomène en contenu, en forme, en rapport de la forme et du contenu; la réalité en rapport de substance, rapport de causalité, réciprocité d'action.

La notion se détermine, comme notion subjective, comme notion objective (objet), comme idée. La notion subjective se détermine en notion pure, jugement, conclusion; la notion objective en mécanisme, chimisme, téléologie; l'idée enfin en vie, en connaissance, en idée absolue.

Les déterminations premières de l'idée s'enchaînent trois par trois, de la façon qui suit : l'idée se pose dans la première ; elle s'oppose dans la seconde ; dans la troisième, elle unit et confond ces deux termes.

L'idée se pose donc comme qualité d'une façon indéfinie ; elle détermine comme quantité en opposition à cette première détermination. On comprend l'opposition fondamentale qui se trouve entre ces deux déterminations ; mais dans la mesure, dans le degré, dans la limitation, cette opposition. La mesure ou la limitation est l'union de la quantité et de la qualité ; il n'y a rien de limité ou de soumis à une mesure, qui ne soit en même temps doué de telle qualité prise à telle quantité. Il en est de même de l'essence et de l'apparence, ou du phénomène : entre ces deux choses se trouve une opposition fondamentale, radicale. Mais, au sein de la réalité, cette opposition se trouve absorbée, détruite. Il n'y a rien de ce qui existe réellement, qui n'ait ces deux choses, le contenant et le contenu, la forme et la matière ;

c'est une opposition signalée de tout temps, mais qui pourtant vient se détruire, s'absorber en tout ce qui est, en tout ce qui existe. Il en est de même encore de la notion subjective et de la notion objective, ou de l'objet : là encore est l'opposition la plus fondamentale, la plus essentielle que l'idée puisse se faire à elle-même. Elle se pose ici dans la sphère de l'idéal, dans la sphère intelligible; là dans la sphère des choses matérielles, réelles. Entre ces deux choses, la notion et l'objet, il y a cette sorte d'opposition qui se trouve entre le miroir et l'objet réfléchi par le miroir; mais ces deux choses se trouvent pourtant réunies dans l'idée proprement dite, l'idée absolue. Au point de vue de Hegel, l'idée, comme déjà nous l'avons dit, est la synthèse du réel et de l'idéal; c'est l'être, l'idée, l'absolu, etc.

L'idée en soi subit des modifications diverses qui diffèrent entre elles, mais s'engendrent nécessairement les unes des autres. Ce déploiement de l'idée, ou cette génération de modifications, appelée dialectique dans la philosophie de Hegel, consiste dans la manifestation extérieure de ce qui est contenu dans l'idée en soi; il est le transport à l'extérieur de ce qui, jusque-là, était intérieur à l'idée. L'idée est donc, comme Dieu, l'origine et le commencement de toutes choses; comme Dieu, elle ne saurait être limitée en elle-même. Les déterminations de l'idée sont ainsi comme autant de déterminations de Dieu. La plupart des systèmes de philosophie commencent, en effet, par nous faire voir en Dieu le résumé ou l'abrégé de toute réalité; point de vue où l'on fait abstraction de toutes limitations dans les réalités existantes. Toute limitation est négation; toute limitation particulière est donc une négation particulière, par conséquent toute limitation absolue est une négation absolue. Là où la limitation devient absolue, la négation le devient aussi. Donc encore, il y a un non-être absolu, aussi bien qu'un être absolu. Toutefois, l'être et le non-être s'unissent sous l'empire de conditions diverses; ils se combinent d'une multitude de façons; mais au fond de toutes ces combinaisons se trouve l'existence, car tout ce qui existe est limité par cela même qu'il existe. La limitation est la loi suprême de l'existence. Toute existence est une combinaison de l'être et du non-être; c'est l'être avec une limitabilité qui en constitue la qualité.

L'être pur, considéré indépendamment de sa limitabilité, c'est à dire de sa qualité, l'être dans lequel cette qualité est considérée comme anéantie ou bien indifférente, devient quantité. Considérée dans son ensemble, la quantité est une; considérée dans les diverses limitations dans lesquelles elle est contenue, elle devient telle quantité, tel *quantum*. Ces quantités diverses, ces *quantum*, en tant qu'ils sont considérés comme collection, deviennent le nombre. La quantité est donc multiple; elle s'étend en se multipliant.

Dans son développement, l'être ne se manifeste pas comme seulement doué de qualité et de quantité; il se montre comme possédant telle ou telle qualité, telle ou telle quantité, à tel ou tel degré; il se montre comme enfermé dans telle ou telle mesure, mesure où se trouvent confondues, dans une même unité, la qualité et la quantité; dernière définition d'après laquelle l'être absolu se manifeste comme essence, devenant, sous cette dernière forme, le fondement, la base de l'existence. En dépit de toutes ces modifications, au dessous de toutes ces modifications, l'identité de l'être persiste. La logique exprime ce principe d'identité par la formule A = A. Mais considéré par rapport aux modifications diverses qu'il présente, l'être diffère pourtant ; sous ce point de vue, il n'est pas ici ce qu'il était là. A peut être posé tantôt comme + A, tantôt comme — A. Toutefois, cette identité et cette diversité, ce positif et ce négatif se trouvent unis dans la substance. La substance, ou la base des choses, est la manière d'être la plus générale de l'existence. Le prédicat le plus essentiel de l'existence est, en effet, d'être limité, d'être le lien, la synthèse du positif et du négatif. Mais, comme dans les choses, ces prédicats se trouvent différer les uns des autres, il en résulte qu'on peut dire telle ou telle chose ; c'est en cela que consiste leur individualité.

La matière est la substance, la base des choses ; elle en est l'universalité ; elle constitue l'unité immédiate de tout ce qui existe. Sous des apparences diverses, la matière est une, elle est identique à elle-même. En elle, cette identité forme une opposition constante avec les limitations ou déterminations des choses particulières. En tant qu'existant par elle-même, considérée en elle-même, indépendamment du reste de la matière, la chose est le phénomène qui lui-même peut être envisagé sous deux points de vue : par son côté intérieur et son côté extérieur, son contenant et son contenu, ou bien encore par sa forme et sa matière. Par son côté extérieur, il se trouve en relations avec tous les autres phénomènes ; l'ensemble de ces relations constitue sa forme propre, la forme qui lui appartient à lui, non à un autre. Mais, pendant qu'il se trouve ainsi déterminé par son côté extérieur, il n'en subit pas moins certaines modifications qui viennent du dedans, modifications dont l'ensemble déterminera ce qu'il est au dedans de lui-même dans son contenu. De plus, un rapport nécessaire existe entre les modifications intérieures du phénomène et l'ensemble de ses relations à l'extérieur. Entendons par là que ce qui est intérieur sera déterminé par ce qui est extérieur, ce qui est extérieur par ce qui est intérieur. Ces deux ordres de modifications ne sont, en effet, que le produit d'une seule et même force dont le phénomène lui-même est la manifestation extérieure ; tous deux se rattachent ainsi à une cause commune, découlent d'une même source. Dans la réalité, l'intérieur et l'extérieur d'un phénomène ne peuvent donc jamais être indépendans l'un de l'autre ; c'est, au contraire, leur union, leur synthèse qui constitue la réalité. Tous deux, dépendans l'un de l'autre, agissent réciproquement l'un sur l'autre : c'est ce qu'on appelle la *causalité,* ou bien réciprocité d'action, quand on les considère par rapport à leurs action et réaction.

L'ensemble des conditions extérieures au milieu desquelles se limite, se détermine, se modifie la réalité, peut être considéré sous deux points de vue différens. La réalité peut apparaître comme obéissant à une loi dont elle ne peut secouer le joug ; à ce point de vue, chacune de ses déterminations semble le résultat inévitable de toutes celles qui l'ont précédée. Mais la réalité peut encore être considérée comme se déterminant spontanément, comme n'obéissant qu'à elle-même; cela aura même lieu toutes les fois qu'on la considérera dans telle ou telle modification, non plus dans l'ensemble de toutes les modifications possibles ou dans le lien qui les unit. Dans le premier cas, le monde nous apparaîtra comme régi par la nécessité; dans le second, comme gouverné par le hasard. Ces deux principes contraires paraîtront se partager la nature.

L'idée se présente comme notion, comme telle, absolue, illimitée. Au moyen du jugement, une autre notion, relative, limitée, se pose devant elle; toutes deux s'unissent dans la conclusion. La conclusion est une synthèse du général et du particulier. Dans toute conclusion il se fait une combinaison de l'absolu et du relatif, de la substance et de l'accidentel de la notion. Les diverses sortes de jugemens reconnus par l'ancienne logique, jugemens qualificatifs, jugemens nécessaires, etc., viennent se ranger sous les noms généraux de jugemens et de conclusions. La notion se détermine comme objectivité. L'objet demeure identique à lui-même; il persiste dans cette identité au dessous des modifications extérieures les plus diverses et les plus variables. Ces modifications lui sont imposées par ses rapports extérieurs; il se trouve compris dans une action extérieure qui agit sur sa forme. Là est le mécanisme. Les modifications des différens objets tendent à se pénétrer les unes les autres; elles se combinent de diverses façons : c'est le chimisme. Le chimisme et le mécanisme n'en concourent pas moins à une même fin : ils se confondent en un vaste système de téléologie. Dans l'idée viennent enfin se confondre deux ordres de choses jusqu'à présent distincts, l'intérieur et l'extérieur, le contenant et le contenu; elle est la forme la plus élevée que puissent revêtir en se combinant ces deux ordres de choses. En son sein viennent se réunir, se confondre l'idéal et le réel; de telle sorte que ce qui est réel est en même temps idéal, que ce qui est idéal est en même temps réel.

La vie en est la manifestation extérieure la plus élevée, car la vie est l'union d'une ame et d'un corps. Dans la vie, l'ame est au corps ce que dans l'idée le subjectif est à l'objectif ; réciproquement, le corps est à l'ame ce que l'objectif est au subjectif. Les modifications de l'ame et du corps se trouvent dans le même rapport que ces deux ordres de modifications que nous avons notés. Trois aspects différens se présentent dans la vie : 1° comme s'objectivant dans son organisme extérieur ; 2° comme passant par divers modes de manifestations, tout en demeurant identique à elle-même ; 3° comme générale, universelle, comme existant en tout et partout, mais comme telle se déterminant de plus en plus, de manière à se manifester enfin comme individualité.

L'idée, après avoir rayonné en tout sens comme d'un centre commun, revient à son point de départ. En ce moment apparaît le monde extérieur ; limitée, déterminée comme raison humaine, l'idée n'en a pas moins conscience de son identité avec la nature extérieure. Elle tend sans cesse à établir cette identité ; elle le fait par la connaissance. Au fond de toute connaissance se trouve, en effet, nécessairement anéantie l'opposition que nous avons constamment signalée entre l'objectif et le subjectif; ils se confondent dans une même unité. C'est même en cela que consiste la vérité. La vérité ne saurait être autre chose que l'accord du subjectif et de l'objectif. Mais là tout accidentel, toute relativité, toute diversité cessent; l'absolu reparaît. Là est aussi le dernier degré de développement de l'être ou de la notion; toutes les phases antérieures de son développement se résolvent en celle-là.

Après avoir parcouru la série tout entière de ses déterminations logiques, après s'être déterminée comme qualité, comme quantité, comme objectif, comme subjectif, comme essence, comme être, comme vie, l'idée reparaît sous sa forme première. Elle se manifestera sous cette forme dans la seconde sphère de son développement. Toutefois, insistons sur ce point. Elle ne sera plus l'idée contenant en germe toutes les déterminations que nous venons de signaler; elle sera l'idée résumant toutes ces déterminations. Elle sera donc ici tout à la fois identique et opposée à ce qu'elle était là.

DE LA NATURE.

Après la série de déterminations ou de transformations que nous venons de signaler, l'idée revêt la forme de l'extériorité; elle nous apparaît alors comme nature.

Sous cette dernière forme, l'idée subira de nouvelles déterminations qui différeront nécessairement des déterminations purement logiques qu'elle vient de traverser. Ainsi, au lieu de s'engendrer, comme celle-ci, nécessairement et réciproquement, ces déterminations nouvelles n'auront entre elles d'autre lien qu'un simple rapport de simultanéité ou de coexistence; il pourra même se faire qu'elles semblent isolées les unes des autres. Au dessous se retrouvera toujours l'idée dans sa généralité absolue. Aussi la nature paraît-elle comme enchaînée, comme subordonnée à l'idée, obéissant nécessairement aux impulsions qu'elle en reçoit; c'est pour cela qu'elle nous apparaît comme un tout gradué; c'est encore pour cela qu'elle se manifeste; quant au lien de toutes ces gradations extérieures, il se trouve dans l'unité commune cachée dans le sein de la nature, unité qui leur sert de base. Au premier coup d'œil, ces manifestations extérieures de la nature paraissent s'engendrer réciproquement, nécessairement ; il n'en est rien cependant. Aucune d'elles n'est véritablement le produit de celles qui l'ont précédée ; toutes le sont, au contraire, de cette même idée cachée, enfouie au sein de la nature. Là seulement, je veux dire dans cette idée, se trouve la véritable raison, la cause efficiente de toutes ces apparences dont se revêt la nature. Par là, l'ordre de choses extérieur et visible, c'est à dire la nature, diffère de l'ordre de choses purement logique que nous avons exposé. Dans celui-ci, toutes les déterminations de l'être s'engendrent nécessairement les unes les autres. De plus, par cela même que dans la nature l'idée se revêt d'extériorité, il existe par conséquent en elle une sorte de contradiction ; il y a une sorte de contradiction nécessaire entre la manifestation et la chose manifestée. De là cette opposition qui se trouve dans l'organisme de toute créature vivante. L'ame et le corps sont l'expression la plus saillante de cette opposition. On peut donc dire que la nature est le corps de l'idée, l'idée l'ame de la nature.

La multitude presque innombrable de formes que revêtent les choses de la nature correspondent aux déterminations intérieures de l'idée. Elles sont le résultat des efforts faits par l'idée pour se produire au dehors, pour se manifester extérieurement telle qu'elle est en elle-même. L'idée ne cesse de faire effort pour exprimer dans la nature toutes les nuances, toutes les modifications qu'elle-même subit. Ce travail, qui commence dès les formes les plus simples, se continue jusque dans les plus élevées, dans les plus compliquées. Ainsi une chose est d'autant plus élevée dans l'échelle de la création, qu'elle réunit, qu'elle résume en elle un plus grand nombre de propriétés, de qualités. Toutefois, le but n'est jamais atteint : le langage reste toujours au dessous de la pensée ; le corps ne saurait jamais être l'expression tellement fidèle de l'ame, qu'il la traduise dans les nuances les plus fugitives de ses impressions, de ses sentimens. En tout ordre de choses, le réel demeure au dessous de l'idéal. D'un autre côté, l'idée ne saurait, pour ainsi dire, se résoudre à demeurer emprisonnée tout entière, à tout jamais, dans le domaine de la nature; elle tend au delà, elle tend à se manifester comme esprit.

La nature est impuissante à refouler sur elle-même cette tendance; elle est de même impuissante, comme nous venons de le dire, à exprimer certaines modifications de l'idée. De là ces espèces mixtes, bâtardes, qui séparent les diverses classes des êtres créés, espèces par elles-mêmes dépouillées d'un caractère vraiment distinct, qui leur appartienne véritablement en propre; qui ne sont qu'autant d'essais infructueux de la part de la nature pour rendre les divers degrés du mouvement progressif de l'idée. La difficulté d'établir des classifications régulières, dans le domaine de la nature, n'a pas d'autre cause. La nature, impuissante et inintelligente à exprimer d'une manière nette et tranchée les modifications intérieures de l'idée, méconnaît les bornes, renverse les limites, confond les choses séparées, sépare celles qui devraient demeurer confondues. De là encore les monstruosités par lesquelles elle donne un démenti aux types existans. La même impuissance, la même inintelligence l'empêchent encore de savoir maintenir telles qu'elles sont les choses créées; de là la brièveté de leur existence, de là la multitude d'accidens divers par lesquels cette existence est sans cesse traversée.

Admirons toutefois dans la nature un tout animé d'une vie toujours une, toujours identique à elle-même, en dépit des formes diverses sous lesquelles il se manifeste au dehors.

Notons de plus que dans ce mouvement progressif, dans cette évolution continuelle, l'idée a constamment pour but de se manifester extérieurement dans toute sa vérité, de se poser hors de soi telle qu'elle est en soi; ôtez ce but, supprimez ce mouvement, l'idée tombe, s'engloutit dans une sorte d'inaction qui n'est autre que la mort. Mais douée qu'elle est d'une immortelle vitalité, elle sait échapper à cette mort passagère à laquelle semblent la condamner l'impuissance et l'instabilité de la nature : aussi ne cesse-t-elle d'être, de se mouvoir, de se produire au dehors; dans ses efforts pour devenir esprit, elle fait et défait, elle édifie et renverse les limitations passagères sous lesquelles elle s'apparaît à elle-même dans le domaine de la nature.

DE L'IDÉE DANS LA SPHÈRE DE LA NATURE.

Dans la sphère de la nature, l'idée subit d'abord trois grandes déterminations : elle se détermine comme mécanique, comme physique, comme organique.

En tant que mécanique, elle subit trois autres déterminations secondaires : elle se détermine comme temps et espace, comme matière et mouvement, comme mécanique absolue. Chacune de ces trois déterminations en subit encore trois autres; le temps et l'espace se déterminent comme espace, comme temps, comme lieu. La matière et le mouvement se déterminent comme inertie, comme impulsion, comme chute; la mécanique absolue se détermine comme force centripète, comme force centrifuge, comme gravitation universelle.

En tant que physique, l'idée se détermine comme physique des individualités générales, comme physique des individualités particulières, comme physique des individualités totales. Chacune de ces trois déterminations subit ensuite trois autres déterminations : la physique des individualités générales se détermine comme corps individuels, comme élémens, comme action élémentaire; la physique des individualités particulières se détermine comme pesanteur spécifique, comme chaleur; la physique des individualités totales comme forme, comme séparation des corps individuels, comme action chimique.

En tant qu'organique, l'idée se détermine comme nature géologique, comme nature végétale, comme nature animale ou organisme. En tant que nature organique, elle se détermine comme organisation, comme assimilation, comme sexualité.

Ici encore les déterminations de l'idée s'enchaînent trois par trois, de la façon déjà expliquée : l'idée se pose dans la première ; elle s'oppose dans la seconde; dans la troisième, elle unit ces deux déterminations.

L'idée se détermine donc comme espace; puis en opposition à l'espace comme temps;

puis elle unit ces deux déterminations dans une troisième, le lieu. Elle se détermine comme inertie ou matière inerte; puis, en opposition à celle-là comme choc ou impulsion; puis elle unit ces deux déterminations dans une troisième, la chute. Elle se détermine comme corps, puis comme élément, puis unit ces deux déterminations dans l'action élémentaire. Elle se détermine comme pesanteur spécifique, puis comme cohésion, puis unit ces deux déterminations tour à tour dans le son et la chaleur. Elle se détermine comme forme générale, puis comme forme particulière, puis comme procédé chimique, ou action réciproque des corps les uns sur les autres. Elle se détermine enfin comme organisation générale, puis assimilation, puis comme génération, troisième détermination, où se trouvent confondues les deux précédentes.

Parvenue à ce terme, elle ne saurait aller au delà dans la sphère de la nature; parvenue à se reproduire, la nature, a touché la dernière borne des transformations et des degrés de perfectionnement qu'elle est apte à parcourir.

Dans le domaine de la nature, l'idée apparaît d'abord éparpillée, éparse; elle apparaît sous la forme d'un grand nombre de choses existantes, mais toutes en dehors les unes des autres, toutes n'ayant entre elles aucun rapport de génération. Elle se détermine d'abord comme espace, espace doué de trois dimensions (longueur, largeur, profondeur), qu'il a nécessairement, qu'il ne pourrait pas ne pas avoir. D'ailleurs, ces trois dimensions ne différant nullement entre elles, elles ne sont, en définitive, que trois points de vue différens sous lesquels on considère une même chose, l'espace. L'opposé de l'espace est le point, car dans le point se trouve l'idée encore indéterminée. Lorsque le point se développe, il en résulte un mouvement qui, considéré en lui-même, n'est autre que le temps. Le temps est cette détermination de l'idée au moyen de laquelle les objets ne sont plus entre eux dans un simple rapport de simultanéité, mais bien de succession. Le temps et l'espace sont continus; l'un et l'autre sont identiques à eux-mêmes. Le temps, comme l'espace, apparaît aussi sous trois points de vue : le passé, le présent, l'avenir. Aussi le temps est la manifestation extérieure de l'idée la plus fidèle aux modifications de cette idée ; il traduit exactement ce mouvement d'évolution au moyen duquel elle tend sans cesse au delà du point où elle se trouve. Après s'être déterminée comme temps et comme espace, l'idée s'impose une détermination nouvelle, où viennent se confondre les deux déterminations précédentes : cette détermination, c'est le lieu. Le lieu est, en effet, le point de jonction où se rencontrent le temps ou l'espace ; car tout ce qui est, tout ce qui existe est, existe à la fois à tel moment dans la durée, à tel endroit dans l'espace. Dans le lieu il se fait ainsi une fusion continuelle du temps et de l'espace. Le considérez-vous par rapport à sa permanence, il est l'espace ; le considérez-vous par rapport à sa mobilité, il est le temps. Voulez-vous une autre preuve, changez le lieu d'un objet, et vous changez à la fois sa position dans le temps et dans l'espace. Le temps et l'espace combinés dans le lieu constituent la matière, autre détermination de l'idée.

Engendrés par une même cause, traduction d'une même idée, il n'est nullement étonnant que le temps et l'espace aient entre eux tous ces rapports. Ils sont comme des surfaces qui se rencontreraient et se couperaient à tous leurs points.

En tant que matière, l'idée se détermine de nouveau ; elle se montre comme portée à se diviser, à se disséminer, à s'éparpiller de plus en plus, à se réduire à ses parties intégrantes. D'un côté se montre une force répulsive. Malgré cette tendance, la matière n'en demeure pas moins une ; elle continue de former un tout, d'être un agrégat. De l'autre côté, apparaît une force attractive. Ces deux forces se combinent dans la pesanteur. Dans la pesanteur il existe, en effet, tout à la fois une tendance de la matière à se produire au dehors, puis une autre tendance à persister, à demeurer soi. Dans la gravitation se trouve la détermination la plus haute de l'idée dans le domaine de la nature purement matérielle. Elle fait de la nature matérielle un tout ; en faisant graviter autour d'un centre commun l'univers matériel, elle lui donne pour ainsi dire une ame. Les corps sont d'autant plus parfaits, sont d'autant plus en rapport avec l'idée, qu'autour de leur centre se trouve groupée une plus grande quantité de matière. Les corps planétaires, et parmi eux le soleil, sont donc les plus parfaits de la nature. Les lois de ces mouvemens libres, observées par Kepler, ont immortalisé son nom. Plus tard est venu Newton, qui les a réduites en une seule et magnifique formule. Mais une grande place reste encore à celui qui saura montrer, dans ces lois, les manifestations extérieures des déterminations intérieures de l'idée.

Dans la matière, l'idée se détermine encore par un certain nombre de déterminations secondaires. La première qui nous frappe est la lumière, tant celle du soleil que celle des étoiles. La lumière est simple, dénuée de pesanteur. Elle est ce qu'il y a de plus intime dans la matière, on peut dire qu'elle en est le *moi*. Elle est toujours identique à elle-même; seulement elle est bornée, limitée par une chose qui lui est complètement opposée, qu'on pourrait appeler une lumière négative, les ténèbres. Les plus grandes déterminations de l'idée sous forme de matière sont les corps planétaires et solaires. Ceux-ci se déterminent ensuite en corps particuliers, qui sont comme autant de déterminations secondaires dans la grande détermination de l'idée qui constitue la terre. Quant à ces déterminations particulières, elles vont se divisant, se subdivisant à l'infini. La pesanteur spécifique est en rapport du poids de la matière, à son volume; la densité est une détermination simple de la matière pesante. Le rapport des différentes parties de la matière par rapport à l'espace constitue la cohésion. Cette détermination de l'idée par rapport à la cohésion est essentiellement variable. L'idée se détermine encore dans le son; détermination opposée à la précédente : car, tandis qu'au moyen de la cohésion l'idée se trouve arrêtée, enchaînée dans l'espace sous sa forme matérielle, dans le son elle tend à s'en échapper sous forme aérienne. Se déterminant comme chaleur, l'idée manifeste sa tendance à ne s'enfermer sous aucune forme, à s'épancher çà et là sous forme liquide ou fluide, c'est à dire dépourvue de toute forme. L'idée se détermine encore comme magnétisme; c'est là la première détermination de l'idée sous forme matérielle. Commençant à se mouvoir, le point engendre, en effet, la ligne ; les deux points qui terminent la ligne sont en opposition complète ; le point du milieu est neutre, indifférent. Or, cette forme, la première qui se rencontre dans le mouvement évolutif de l'idée, est aussi celle du magnétisme. Le magnétisme est donc la première chose dont doive s'occuper toute philosophie de la nature. Après cela, vient l'électricité. Dans l'électricité, la même opposition est encore plus prononcée que dans le magnétisme. Dans le magnétisme, l'opposition cesse au milieu de la ligne : il y a là un point d'indifférence ; dans l'électricité, l'opposition seule se montre, et partout. Les altérations que les corps exercent les uns sur les autres constituent une autre détermination de l'idée, appelée chimique, procédé chimique. Quant au galvanisme, il rentre dans l'électricité, au point de vue de Hegel.

Au bout de toutes ces déterminations, après avoir parcouru le cercle de ces évolutions successives, l'idée parvient enfin à une dernière détermination, l'organisation animale. A la première détermination de l'idée sous forme terrestre, il se montre déjà comme un organisme; l'organisme géologique est, en effet, immédiat. La terre peut-être considérée comme l'organisme général des corps individuels; aussi les membres de cet organisme contiennent-ils déjà la vie, quoiqu'ils ne la manifestent pas. L'organisation existe dès les entrailles de la terre, elle commence jusque' dans le sein du granit; elle s'élève de là par degrés successifs, se montrant d'abord dans la plante par son côté objectif, puis dans l'animal, où le côté subjectif fait déjà équilibre au côté objectif. L'animal, quel qu'il soit, manifeste en effet déjà dans sa propre unité l'intérieur et l'extérieur de l'idée; loin d'être fixé en place comme la plante, il peut se mouvoir au gré de ses désirs et de sa volonté, ses mobiles intérieurs. L'organisme animal est ainsi la forme la plus complète de l'être vivant. Dans l'organisme animal, l'idée se manifeste en dehors de soi telle qu'elle est en soi; par l'assimilation l'animal impose sa forme aux autres choses; la sensibilité, l'individualité, l'irritabilité, etc., enfin la reproduction, appartiennent à l'animal. En lui la vie se manifeste d'ailleurs sous des formes différentes, qui se manifestent par les diversités d'espèces; elle subit des affaiblissemens partiels qui constituent la maladie.

On reconnaît dans tout cela la manifestation la plus complète des déterminations de l'idée. L'animal est dans la sphère de la nature la détermination la plus élevée de l'idée; elle ne saurait aller au delà. Aussi arrive-t-il que, parvenue là, elle se résume en quelque sorte de nouveau; elle rentre, pour ainsi dire, en elle-même; elle s'emprisonne encore une fois dans une sorte de germe, d'où elle devra sortir plus tard au moyen d'une autre série de développemens. Or, ce germe, dernier moment de l'évolution de l'idée dans la sphère de la nature, ce sera *l'esprit*. Au dernier terme de ses efforts dans la sphère de la nature, faisant un dernier effort qui doit l'en faire sortir, et où viennent aboutir ses efforts précédens, elle apparaît comme esprit.

DE L'ESPRIT.

C'est seulement après d'innombrables déterminations dans le domaine de la nature qu'il est donné à l'idée de se déterminer comme esprit. L'esprit est sa détermination la plus élevée; c'est la forme la plus sublime qu'il soit donné à l'absolu, à l'idée de revêtir. La logique est venue aboutir à la nature, la nature vient aboutir à l'esprit. L'esprit est donc comme un résumé de la nature, il la contient, il l'enferme, il l'exprime. On peut dire que dans l'esprit se trouve le monde tout entier, l'universalité des choses et des êtres. A ce point de vue, l'inscription du temple de Delphes, le fameux *Nosce teipsum*, est bien vraiment la source de toute science.

Dans cette sphère nouvelle, l'idée ne nous apparaîtra plus, comme dans la sphère de la nature, sous des formes n'ayant entre elles aucune liaison; elle ne s'éparpillera plus en une multitude d'existences indépendantes les unes des autres. Les formes nouvelles sous lesquelles elle se montrera seront, au contraire, toutes liées les unes aux autres ; toutes se tiendront indissolublement ; toutes apparaîtront comme autant de phases successives d'un même développement. Car en tout, toujours et partout, l'esprit sera identique à lui-même ; dans ses parties les plus inférieures, s'il est permis de parler de la sorte, sera déjà comprise toute la sublimité à laquelle il lui sera donné d'atteindre. Des instincts en apparence les plus grossiers de notre nature pourront sortir les plus admirables spéculations de l'intelligence humaine. La morale, la religion, la philosophie, ne poussent-elles pas leurs racines jusque dans la sensation ? Point de vue complétement l'opposé du sensualisme, mais où cependant la fameuse doctrine, qui voit tout le système de l'intelligence humaine dans la sensation transformée, ne serait pas dépourvue de toute vérité.

DU DÉVELOPPEMENT DE L'IDÉE DANS LA SPHÈRE DE L'ESPRIT.

Dans la sphère de l'esprit, l'idée se détermine comme esprit subjectif, comme esprit objectif, comme esprit absolu.

En tant qu'esprit subjectif, elle se détermine comme anthropologie, comme phénoménologie, comme psychologie. Puis, chacune de ces trois déterminations donne lieu à trois autres nouvelles déterminations. En tant qu'anthropologie, elle se détermine comme ame naturelle, comme ame rêvante, comme ame réelle; en tant que phénoménologie, elle se détermine comme conscience, comme conscience de soi-même, comme raison; en tant que psychologie, elle se détermine comme esprit théorique, comme esprit pratique, comme esprit à la fois théorique et pratique.

En tant qu'esprit objectif, l'idée se détermine comme droit, comme moralité, comme sociabilité. Puis, chacune de ces déterminations donne lieu à trois autres déterminations. En tant que droit, l'idée se détermine comme propriété, comme transaction, comme droit défini, déterminé; en tant que moralité, elle se détermine comme intention, comme bien-être, comme bien et mal; en tant que sociabilité, elle se détermine comme famille, comme société civile, comme État ; en tant qu'esprit absolu, l'idée se détermine enfin comme art, comme religion révélée, comme philosophie.

Ici encore les déterminations de l'idée s'enchaînent trois par trois ; les deux premières constituent une opposition qui se trouve absorbée dans la troisième.

L'ame naturelle et l'ame rêvante se trouvent confondues dans l'ame réelle ; la conscience en général et la conscience de soi-même se trouvent confondues dans la raison ; l'esprit théorique et l'esprit pratique se trouvent confondus dans la volonté, dans l'esprit qui exécute. La propriété et la transaction engendrent le droit, une propriété nouvelle fondée sur un accord réciproque. L'intention, et le but qu'elle se propose d'atteindre, doivent engendrer le bien ou le mal moral. La famille et la société civile donnent naissance à l'Etat ; l'État est le point central auquel viennent aboutir toutes les associations naturelles ou civiles. De l'art, entendu dans sa plus haute acception, et de la religion révélée, sort enfin la philosophie, dernière détermination et la plus haute à laquelle puisse s'élever l'esprit absolu.

L'esprit subjectif apparaît d'abord comme ame; il revient sur lui-même et devient conscience; enfin il se prend lui-même pour objet, agit sur lui-même au moyen de la force qui lui est inhérente, et alors c'est la raison. L'ame s'élève donc à la conscience, la conscience à la raison, puis la raison, au moyen de sa propre spontanéité, s'objective elle-même.

A sa première détermination dans la sphère de l'esprit, l'idée apparaît comme ame, nous venons de le dire. Dans la sphère de l'esprit, l'ame est donc le premier des échelons que l'idée doit parcourir. Par certains côtés, l'ame touche à cette nature dont elle est le résumé, aucune séparation bien tranchée n'existe encore entre elles. L'esprit est cependant déjà dans l'ame, mais il n'y est pas encore avec cette activité qui lui est propre, qui le caractérise. L'ame est le berceau où l'esprit sommeille; mais elle est encore plus que cela : elle est en même temps la substance, la matière, le fond d'où l'esprit extraira les choses sur lesquelles il doit agir, dont il doit se nourrir.

Que l'ame tienne encore à la nature par mille et mille liens, c'est chose facile à voir. L'ame subit l'influence des climats, des saisons, des heures. Aussi le premier progrès de l'esprit, en tant qu'esprit, consiste-t-il à s'affranchir de ces entraves; il ne manque pas d'y parvenir, la vie sociale s'y dérobe de plus en plus. Les diverses races d'hommes sont les résultats de cette influence des climats sur l'humanité; mais c'est là peu de chose, en comparaison de cette même cause ou de causes analogues sur les animaux. Les peuples manifestent bien encore, il est vrai, des inclinations, des passions, des mœurs différentes; mais ces diversités tendent de jour en jour à s'effacer; nous les voyons déjà sur le point de disparaître au sein d'une civilisation uniforme. D'ailleurs l'ame ne cesse pas de subir les diverses périodes de la vie de l'individu : elle se modifie dans notre enfance, dans notre maturité, dans notre vieillesse. Elle subit encore l'influence des sexes; elle subit l'influence de l'organisme extérieur dans ces états de veille et de sommeil dans lesquels se partage notre vie. Ainsi dans le sommeil l'ame n'a pas conscience du monde extérieur ; dans la veille elle a cette conscience ; c'est même la forme ou la condition de toute sensation. Mais en même temps qu'elle a cette conscience du monde objectif, l'ame se sait et se sent identique à elle-même, elle a conscience de soi.

Le moi n'a d'ailleurs cette conscience de lui-même et du monde extérieur que sous l'empire de conditions diverses. L'objet, dans l'impression qu'il fait sur le moi, ne le touche pas, pour ainsi dire, au même point : il tombe sous des catégories différentes (on se rappelle sans doute ce que nous avons dit des catégories à propos de Kant). Quant à l'objet lui-même, le moi sait seulement qu'il existe, et ne sait pas autre chose. En raison de l'activité du moi, de l'impression que font sur lui les objets extérieurs, une multitude de modifications se succèdent en lui : ces modifications, l'esprit les unit les unes aux autres, les combine entre elles de mille et mille façons ; et, parmi ces modifications, il rattache toujours les particulières aux générales. Or, la conscience qu'elle a (l'idée) de ces modifications, et d'elle-même à l'occasion de ces modifications, se confond dans une troisième détermination, qui est la raison : et parvenu à ce point, l'esprit a conscience de lui, en tant qu'esprit : l'idée s'apparaît comme esprit. Elle se détermine alors comme sensation, comme représentation, comme souvenir, sous les mille rapports qu'elle a avec le monde extérieur, sous les formes enfin des diverses facultés intellectuelles, imagination, association des idées, fantaisie, etc.; puis elle agit sans cesse sur ces déterminations. Mais elle se manifeste alors dans deux voies différentes, théorique et pratique. En tant que théorique, l'idée s'apparaît surtout comme intelligence. L'activité de l'esprit s'exerce sur les formes de la pensée, sur ce qui est intérieur à la pensée; il marche ainsi de détermination en détermination limitée, car la forme nécessaire de tout ce qui est senti c'est d'être limité.

La sensation, se manifestant extérieurement, produit le langage, qui n'est autre que la production au dehors des représentations intérieures de l'intelligence. Obéissant à un certain système de lois et de règles, le langage se subdivise en langues. Le nom, qu'est-ce autre chose, en effet, que l'expression extérieure de la chose elle-même telle qu'elle est dans le domaine des représentations? Il a la même valeur que la représentation, il remplace dans la mémoire la représentation elle-même. Prononce-t-on le nom de lion, par exemple, ce nom nous suffit, nous n'avons plus besoin ni de la vue du lion, ni de la représentation du lion dans notre intelligence. Le nom est toute l'existence intellectuelle de la chose; c'est la chose telle qu'elle est dans l'intelligence. Le dernier terme des déterminations de l'idée est la pensée; toutes les autres déterminations précédentes viennent se résumer dans celle-là.

Au point de vue pratique, l'idée, comme esprit, se déterminera toujours comme volonté, de même qu'au point de vue théorique elle s'est toujours déterminée comme intelligence. Ce sera là sa forme la plus générale. Mais, derrière cette volonté il y aura toujours comme un ressort qui agira sur elle, l'excitera à agir. Ce sera le penchant, l'intérêt, les passions, qui sont comme autant de déterminations variables et accidentelles de l'esprit. Bientôt, d'ailleurs, l'esprit théorique et l'esprit pratique viendront se confondre au sein d'une troisième détermination plus haute, plus élevée, l'esprit objectif. Comme tel, l'esprit tend à manifester extérieurement dans le monde de la réalité l'ensemble des déterminations qu'il aura subies comme esprit théorique et comme esprit pratique.

Deux grandes lois présideront à cette objectivation : le droit et le devoir; en d'autres termes, l'idée, comme l'esprit objectif, se manifestera sous ces deux principales déterminations. Toutes deux s'appellent et se nécessitent réciproquement : il n'y a pas de droit qui ne suppose un devoir, il n'y a pas de devoir qui ne suppose un droit; ces deux notions sont corrélatives. La première forme du droit, c'est la propriété; le premier acte de l'esprit dans la sphère du droit, c'est de distinguer le tien et le mien, c'est de dire : ceci est à toi, ceci est à moi. De la rencontre de deux volontés dans la sphère du droit surgissent l'accord, la transaction, le contrat. Toutefois, ces deux volontés peuvent être différentes ; l'une d'elles ne sera pas conforme au droit : de là la nécessité d'une sanction du droit, c'est à dire d'une pénalité: La peine a pour but de faire régner le droit. Dans la sphère du droit, l'esprit se pose comme volonté, comme intention; il se propose son bien propre, le bien individuel, qu'il s'agit d'accorder avec le bien général, d'où résulte la forme la plus élevée de la moralité. Donc aussi, il y a un rapport constant des individus au tout ; c'est la condition nécesssaire de la détermination de l'esprit dans la sphère de l'objectivité, rapport qui va s'étendant de plus en plus.

Ce rapport qui lie les individus les uns aux autres, ce droit et ce devoir corrélatifs se manifestent d'abord par la famille. La famille est le premier degré de l'idée s'objectivant au moyen du droit et du devoir. Dans la famille elle a trois déterminations : le mariage, la propriété, les enfans auxquels la propriété est transmise. Après s'être déterminée comme famille, l'idée se détermine comme association de plusieurs familles ; elle apparaît comme société. La volonté et la liberté, se manifestant sous forme individuelle, ne s'accordent pas toujours; elles ont besoin d'être protégées, régularisées dans leurs rapports entre elles : de là la loi. L'idée, se manifestant sous la détermination de la loi, se propose de régulariser les rapports de ses modifications particulières. L'État vient ensuite, la plus haute des déterminations de l'esprit dans la sphère où nous sommes. Dans l'État se confondent les familles, par conséquent les individus; dans l'État, l'idée se montre sous une nouvelle détermination. Aussi l'État a-t-il pour objet principal de diriger vers un but commun toutes les volontés individuelles qu'il renferme; l'État est la manifestation extérieure d'un seul et même peuple. Sous l'unité de l'État considéré en général, l'idée-esprit se manifeste donc par toutes ces déterminations, diverses entre elles, qui font le caractère, les mœurs, le génie des peuples. Le désaccord des États produit la guerre. N'oublions pas que la réalité s'oppose toujours à ce que les évolutions de l'idée se traduisent dans le monde physique d'une façon tout à fait harmonique.

Rien n'est isolé, avons-nous dit, dans les déterminations de l'idée dans la sphère de l'esprit; toutes ses déterminations se tiennent. Le génie d'un peuple se trouve nécessairement en rapport avec sa position géographique, c'est à dire la place qu'il occupe dans l'espace; et non moins nécessairement avec le rôle qu'il doit jouer dans l'histoire, c'est à dire avec sa place dans le temps.

Dans l'histoire, l'idée se manifestera sous les déterminations suivantes : elle se détermine comme une, substantielle, enveloppée en elle-même; puis variée, individuelle, active, se dégageant de l'unité substantielle et immobile; puis comme deux principes tout à fait distincts, se posant l'un vis à vis l'autre dans une opposition vive et tranchée; puis, sur les ruines de l'opposition précédente, l'idée apparaît de nouveau une, identique, harmonique. L'Orient, la Grèce, Rome, la Germanie, sont les formes historiques des déterminations successives de l'esprit. Au moyen de la manifestation extérieure de la notion du beau, l'idée se détermine comme art. Dans la religion, elle se manifeste dans son infinité, son éternité, comme se sachant, se déterminant elle-même. Elle apparaît là sous sa forme propre. On ne voit plus là seulement des déterminations séparées, isolées dans leur développement, on voit ce développement tout entier. Dans la religion, se montrent des déterminations secondaires : fétichisme, orientalisme, christianisme, mahométisme, etc. L'idée se détermine enfin comme philosophie. Celle-ci est la plus haute, la plus sublime détermination ; dans sa généralité elle importe des déterminations plus secondaires, qui peuvent être rangées sous trois points de vue : — d'abord purement subjectif; là sont les anciennes sciences métaphysiques et logiques, qui ont prétendu saisir l'essence des choses dans la pensée elle-même; — comme objectif; là est l'empirisme, qui prend pour base l'expérience et le témoignage des sens; la philosophie critique, qui a le même point de départ, mais ne voit déjà que de simples apparitions dans les impressions des sens;—comme absolu, cherchant à unir dans les conceptions d'une science *à priori* les deux points de vue précédens, tendant ainsi à rétablir l'unité, à confondre dans une identité commune le subjectif et l'objectif.

Considérons les déterminations de l'idée dans l'histoire, la religion, la philosophie, un peu plus en détail. Toutefois, nous élargirons un peu la formule; nous emploierons avec moins de rigueur le langage hegelien que nous nous sommes imposé jusqu'à cette heure. Mais si nous négligeons quelque peu ce langage, c'est une raison de rappeler que nous demeurons au point de vue de Hegel. Il ne faut donc pas oublier que dans la religion, l'histoire, la philosophie, il s'agira toujours des évolutions d'une même substance, une, identique à elle-même : l'être, l'absolu, l'idée.

DE L'HISTOIRE.

Au premier coup d'œil que nous jetons sur l'histoire, qu'apercevons-nous ? Des phénomènes qui se montrent et disparaissent au hasard, et rien de plus. Cette apparente indépendance où ils sont les uns des autres dépend d'un élément multiple, divers, variable, qui se trouve nécessairement dans l'histoire.

Mais, à côté de cet élément, il en est un autre toujours un, toujours le même, toujours identique à lui-même. L'histoire est le résultat de la combinaison de ces deux élémens, en proportions toujours variables. On peut encore définir l'histoire une succession d'erreurs et de vérités. L'erreur est l'élément périssable, dont nous venons de parler; la vérité est, au contraire, immortelle; se dégageant des institutions et des systèmes sociaux qui sans cesse croulent, à ses côtés, va grandissant dans les siècles. Elle devient un lien entre les parties diverses de l'histoire; elle en forme un tout, un système.

L'histoire est le lieu où l'esprit s'objective pendant la durée des temps; elle est le théâtre où il déploie incessamment son activité. Tous les élémens (les déterminations) en lui contenus paraissent successivement dans l'histoire. Au moyen de ce mouvement, l'esprit tend à sortir de ce qui est accidentel, particulier, pour se montrer dans ce qu'il a d'un, d'absolu. Mais ce déploiement de l'esprit sur le théâtre du monde ne peut se faire que dans le temps : il en résulte que les élémens, les déterminations qui coexistent dans l'esprit, ne peuvent apparaître que successivement dans l'histoire. Il y a donc des degrés, des phases diverses dans le déploiement historique de l'esprit. Les peuples se différencient les uns des autres par leurs mœurs, leur caractère, leur génie; le même peuple se présente sous différens aspects à des époques diverses. Chaque peuple exprime une détermination particulière, une idée de l'esprit; de plus, cette idée première subit dans le temps certaines modifications.

L'histoire est dans le déploiement de l'esprit ce qu'est la réflexion dans l'homme individuel. Au moyen de la réflexion l'esprit humain classe, analyse les élémens qu'il recèle; la réflexion, faisant sortir ces élémens de l'intimité mystérieuse de l'intelligence humaine, les pose, pour ainsi dire, à côté les uns des autres. Or, c'est ainsi que dans l'histoire viennent apparaître successivement tous les élémens, toutes les déterminations de l'esprit; s'ils ne s'y montrent qu'un à un, nous en avons déjà dit la raison. La manifestation extérieure des grandes déterminations de l'esprit constitue les grandes époques de l'humanité, grandes époques qui sont ainsi comme une phase dans le développement général de l'esprit. A chacune de ces phases, l'esprit se montre par toutes les faces sous lesquelles il peut être visible à cette époque de son développement. La durée de cette phase est proportionnée à l'importance de l'élément qu'elle doit manifester. A ce point de vue, on s'explique facilement cette diversité et cette unité dans l'histoire, dont nous avons déjà parlé. L'histoire est une, puisqu'elle est le développement d'un esprit toujours identique à lui-même; l'histoire est diverse, multiple, parce qu'elle exprime les modifications diverses et multiples de cet esprit.

Bien que le monde des idées soit caché par le monde des faits extérieurs, tous deux sont intimement liés ; et tout a une signification dans l'histoire, depuis l'évènement le plus minime jusqu'au plus important. Le philosophe doit donc toujours demander compte aux faits de leurs rapports avec l'idée générale qui se manifestait au monde à l'époque où eux-mêmes se sont montrés; il le peut toujours. L'idée qui régit les grandes époques historiques occupe un vaste espace sur notre globe, une large place dans la succession des âges; cette idée se manifeste sous la forme d'un grand drame, quelques peuples choisis en sont les acteurs, les autres peuples en demeurent les spectateurs. Peu à peu les acteurs deviennent incertains de leurs rôles, ils hésitent, ils chancellent, ils balbutient; l'esprit qui les animait et parlait par leurs bouches s'est retiré d'eux; sur ses ailes invisibles, il est allé visiter quelques autres parties du monde. Le drame, interrompu peut-être pendant des siècles, se renouera; de nouveaux acteurs, c'est à dire de nouveaux peuples entreront en scène. Ainsi l'Orient, l'Antiquité, l'Europe moderne ont été tour à tour dépositaires d'une grande, d'une immense initiative sociale. D'ailleurs le drame ne marche point au hasard; en tout, toujours et partout se manifeste avec éclat un ordre évidemment providentiel. Sans cette intervention providentielle, l'histoire ne serait plus qu'une moquerie perpétuelle, qu'une dérision bizarre, qu'une énigme sans mot.

Entre les grandes époques historiques de l'humanité, il y a plus que succession, il y a génération. La première phase du développement de l'esprit universel engendre la seconde, la seconde la troisième, la troisième la quatrième. Les institutions, la religion, la philosophie, l'industrie même de telle ou telle époque deviennent le germe des institutions, de la religion, de la philosophie, de l'industrie de l'époque qui la suit ; c'est la matière que cette dernière époque doit travailler de nouveau, c'est le germe que l'activité humaine doit encore une fois développer et transformer. Dans les vieilles forêts respectées par la hache et la cognée, les générations d'arbres s'engendrent ainsi les unes des autres, se nourrissent réciproquement de leurs débris. Le nombre des époques historiques, la pensée qu'elles manifestent, leurs rapports entre elles, tout cela s'appelle, se nécessite réciproquement. L'esprit est un tout animé, dont la vie se répand identique à elle-même jusque dans ses parties les plus diverses. L'histoire est l'expression la plus haute et la plus continue de ce monde invisible où se trouvent la racine et la raison de notre monde extérieur et visible.

Dans un autre ordre d'idées, M. de Maistre a dit de l'univers qu'il était un ordre de choses invisibles manifestées visiblement. Si, en effet, l'histoire consiste dans le développement objectif de l'esprit, il est bien certain que ce développement a nécessairement été précédé d'un développement subjectif qui lui correspond. C'est parce qu'il entrevit confusément cette vérité que Pascal dit ce mot, que nous ne pouvons nous lasser de citer : « La suite des hommes peut être considérée, dans tous les temps et dans tous les lieux, comme un seul homme qui apprendrait toujours. » On ne saurait exprimer d'une façon plus nette, plus pittoresque, l'enchaînement nécessaire des époques de l'histoire et l'unité persistante du genre humain. N'oublions pas d'ailleurs l'abîme qui sépare Hegel et Pascal : quand Pascal a prononcé le mot ci-dessus, il était au point de vue de l'individualisme ; Hegel a écrit son système à celui du panthéisme.

Nous l'avons dit : Hegel voit dans l'esprit

le dernier mot de la nature. L'esprit, c'est la nature qui, après avoir subi un certain nombre de déterminations, s'élève à une sphère plus haute. D'un autre côté, la nature n'est elle-même que l'idée qui, après avoir épuisé toutes ses déterminations logiques possibles, apparaît sous cette forme nouvelle. Ainsi tout s'enchaîne, ainsi tout se tient; non seulement l'histoire exprime le mouvement de l'humanité, mais elle se lie aussi au mouvement général de l'univers, tant visible qu'invisible, à ce grand mouvement par lequel Dieu manifeste extérieurement sa divine essence.

DE LA RELIGION.

L'idée, en tant qu'elle se montre à nous par la face qui fait le fonds des cultes et des religions, n'existe pas par delà les mondes créés : elle est en nous; elle existe dans tous les esprits, elle est leur fonds commun.

Dieu n'existe donc pas à la façon de la substance inactive et impersonnelle de Spinosa. Dieu est doué de conscience; il existe non seulement en soi, mais aussi pour soi. Toutefois, pour en arriver là, il faut qu'il se déploie, en quelque sorte qu'il se meuve, qu'il passe par un certain nombre de déterminations. Ces déterminations, qui ont pour but de manifester Dieu, existent simultanément dans les profondeurs mystérieuses de son essence; mais ce n'est que successivement, que l'une après l'autre, qu'elles peuvent apparaître dans le monde fini. Se manifestant par l'organe de l'humanité, Dieu n'est pas seulement dans tel ou tel homme, il est dans la multitude des hommes, il est dans l'humanité. Ce n'est pas l'esprit individuel qui peut avoir la conscience de l'identité de ses conceptions avec celles de Dieu; c'est l'esprit général de l'humanité. Nous l'avons déjà dit, c'est là une traduction philosophique du grand dogme de l'incarnation.

Les diverses religions, jusqu'à ce jour apparues sur la terre, peuvent être considérées comme l'expression de ce développement, de ce mouvement de l'essence divine dont nous parlions; elles en sont autant de phases diverses. Telle ou telle religion ne saurait être égale à la conception même de Dieu; mais les religions ne cessent de se compléter en s'ajoutant les unes aux autres. Elles tendent de la sorte à préparer dans l'avenir un système religieux qui soit *adequate* à la conception même de Dieu; elles sont comme autant de degrés que parcourt successivement l'esprit divin pour arriver à manifester Dieu tout entier. Dieu, en effet, agissant dans les conditions du fini, du relatif, est forcé de se revêtir successivement de formes variables, bien qu'il demeure identique à lui-même. Au fond de toute religion, il n'est pourtant tout entier dans aucune; il ne le sera qu'à la consommation des temps. Ce n'est donc pas en arrière, c'est en avant de nous que se trouve placé l'âge d'or religieux. Aussi Hegel repousse-t-il de toutes ses forces l'hypothèse d'une religion primitive, qui aurait été la plus parfaite, la plus élevée. La science confirme de jour en jour davantage cette donnée philosophique.

L'esprit a de la peine à se dégager des liens de la nature; long-temps il se croit identique avec la nature extérieure. Ce caractère constitue ce que Hegel appelle la religion de la nature. Dès le premier instant où l'homme commence à avoir conscience de lui-même, il se reconnaît supérieur à la nature; il part de là pour s'attribuer le pouvoir d'agir directement sur elle par la puissance de sa volonté; c'est la magie, le sortilége; encore aujourd'hui, les Esquimaux n'ont pas d'autre religion. L'esprit invente sans cesse de nouveaux moyens d'agir sur la nature; il s'efforce d'agrandir la sphère de son activité. D'abord, il avait borné ses prières et ses conjurations aux objets, dont le rapport avec lui était prochain, immédiat; bientôt il les étend au delà, il les étend jusqu'à la lune, jusqu'au soleil. Plus tard, la pensée arrive à se saisir dans sa substance, à s'adorer elle-même : de là un grand nombre de cultes différens, qui cependant constituent seulement la première forme de ce que Hegel appelle la religion de la nature.

La religion des Indous en est la seconde forme. Ici l'esprit n'est point encore dégagé de la matière. Dieu, devenu substance déterminée, est considéré comme une force qui s'épanche et rayonne en tout sens. La substantialité de Dieu n'est d'ailleurs conçue que par l'imagination ; rien n'est déterminé quant à ses rapports avec la nature et avec l'homme. De là le mélange des plus sublimes vérités auxquelles puisse s'élever l'intelligence humaine, et des plus déplorables superstitions où elle puisse tomber : l'idolâtrie, les sacrifices, les pratiques puériles et ridicules, etc., etc. L'imagination se meut là dans une sorte de chaos immense, infini, sans limites ; tout y est vague et confus, rien, pour ainsi dire, n'y a de formes et de places déterminées. Dans la religion persane, Dieu ou le bon principe est déterminé plus nettement comme esprit ; mais il ne l'est que par son opposition avec le mauvais principe. Aussi la personnalité de Dieu est-elle plus nettement déterminée encore dans la religion de l'antique Égypte. Ici la personnalité de Dieu n'a plus besoin d'une opposition pour se montrer telle qu'elle est : Dieu se montre de lui-même ; il n'a plus besoin d'être, pour ainsi dire, appelé en scène par un principe opposé à la vérité, il demeure encore complètement indéterminé dans sa forme : on le trouve tantôt sous figure humaine, tantôt sous celle d'un animal, etc. Toutefois, là est la forme la plus élevée de la religion naturelle.

La religion de l'individualité intellectuelle vient après. Ici l'esprit se montre de plus en plus indépendant du monde extérieur. Dans cette religion éclatent partout la liberté, la personnalité. Dans la religion juive, Dieu et la nature sont pour la première fois nettement séparés ; la personnalité de Dieu est tout à coup poussée à l'extrême. Dieu se meut là dans une indépendance absolue de la nature et de ses lois ; entre eux est un abîme qu'il parcourt à son gré, tandis qu'elle-même demeure immobile et enchaînée à une même place. Tous les liens qui les attachaient l'un à l'autre, dans les religions précédentes, sont ici brisés. La mythologie grecque est la seconde forme de cette religion. Cette mythologie consacre aussi nettement, explicitement la personnalité de Dieu. Sous un idéal de beauté en rapport avec leur nature céleste, les dieux ne sont, il est vrai, que des hommes ; néanmoins, une partie de la vérité éternelle apparaît dans ce culte. D'abord c'est le chaos; puis les élémens qui s'en dégagent ; puis Uranus, Saturne, Jupiter, régnant de père en fils ; ce qui paraît à Hegel un symbole du mouvement de l'idée absolue. Toutefois, la religion romaine, au point de vue de Hegel, lui est encore supérieure. Les dieux romains ressemblent bien aux dieux grecs ; mais ils forment un tout, un ensemble plus complet ; tous agissent en même temps, vers un but commun, ce qui fait que Hegel appelle aussi la mythologie romaine la religion de la finalité. Toutefois, ce but est en dehors de la sphère céleste; c'est là conquête, l'agrandissement de la cité. Les dieux romains diffèrent d'ailleurs par beaucoup d'autres points de leurs prédécesseurs ; leur caractère est prosaïque, pratique, autant que celui de ces derniers est élevé, poétique, ils sont les créatures de l'entendement, non de l'imagination.

Le christianisme est la détermination la plus élevée de l'esprit dans la sphère religieuse. Au moyen du christianisme, Dieu a manifesté dans la conscience son véritable caractère ; au moyen du christianisme, il ne cesse pas de l'y manifester. La révélation n'est pas un acte de Dieu isolé dans le temps, ayant eu lieu une fois pour ne plus se reproduire : loin de là, la révélation est continue, elle ne cesse de se manifester à travers les siècles. Dans le christianisme, sous le voile des dogmes de la trinité et de l'incarnation, les transformations de l'esprit apparaissent presque à nu. Le Père, le Fils et le Saint-Esprit ne représentent-ils pas, en effet, l'infini, le fini et l'union de tous deux ? d'abord l'identité, puis la distinction, puis le retour à l'identité ? Or, c'est là toute la loi du développement de l'idée. Le dogme de l'incarnation n'a pas une signification moins philosophique, ni une portée moindre. Au point de vue de Hegel, nous l'avons déjà dit, l'incarnation est perpétuelle ; elle se continue dans les siècles ; le Saint-Esprit est toujours présent dans l'Église. Ce dogme générateur du christianisme existait déjà, il est vrai, dans la religion indoue ; mais il n'avait pas là toute la signification qu'il a atteinte dans le christianisme. Quant au mahométisme, il n'est, en définitive, qu'un christianisme dégénéré ; seulement le dogme de l'incarnation s'y est effacé : dans ce culte, Dieu reparaît doué de nouveau de cette personnalité absolue qu'il avait dans la religion hébraïque.

La révélation se fait dans le domaine du fini ; le germe de la parole du Christ n'a donc pu atteindre immédiatement au dernier terme de son développement. Loin de là, ce germe a continué de croître et de grandir comme tout ce qui est destiné à vivre dans l'espace et dans le temps. Ainsi s'expliquent les développemens successifs du christianisme pendant quinze siècles, et les développemens nouveaux que peut-être il recevra de l'avenir. Les idées de Hegel, sur ce sujet, sont en harmonie avec une manière de considérer le christianisme fort goûtée en Allemagne depuis Lessing. Elle consiste à considérer le christianisme actuel comme une sorte de préparation à un christianisme plus élevé. Déjà Lessing avait dit, à propos de la vérité religieuse : « Un jour viendra où la lumière qui nous éclaire aujourd'hui ne sera plus que ténèbres et obscurité à côté de la lumière plus éclatante qui aura surgi. »

DE LA PHILOSOPHIE.

Le dernier terme du développement de l'esprit n'est pas la religion, mais bien la philosophie. Entre la philosophie et la religion il existe, il est vrai, une sorte d'identité. Toutes deux se proposent pour objet Dieu et le monde; et les rapports de Dieu et du monde, comme dit Hegel, leur contenu est le même. Toutes deux mettent en jeu des facultés différentes : la religion s'adresse à la foi, la philosophie au raisonnement; mais, après tant de siècles écoulés, la philosophie ne se propose pas autre chose que la démonstration et la systématisation d'un petit nombre de vérités déjà contenues dans les religions les plus primitives que nous connaissions.

Aujourd'hui, par exemple, le chrétien et le philosophe acceptent également le christianisme. Pour le chrétien, c'est un fait d'une origine surnaturelle, divine, qu'il reçoit jusqu'à un certain point. Quant au philosophe, il se propose, au contraire, à briser, pour ainsi dire, le symbole, afin de s'emparer de l'idée qui s'y trouve contenue. Comme le chrétien, le philosophe accepte donc aussi le christianisme; comme le chrétien, lui aussi, veut le nourrir de cette céleste substance; mais il veut le christianisme indépendamment de ses formes extérieures; il le veut en tant qu'idée, réduit à l'état d'idée. Entre la philosophie et la religion il y a donc tout à la fois alliance et opposition. Sur les ailes divines de l'inspiration, la religion descend sur la terre : elle vient révéler à l'humanité les mystères de sa nature et de sa destinée. Elle parle à l'imagination, aux instincts les plus exquis du cœur de l'homme, elle développe ses plus nobles instincts, au milieu des ténèbres du monde terrestre ; elle fait briller l'éclatante lumière du ciel. Elle captive et subjugue l'homme; elle lui enseigne tout à coup de magnifiques symboles où sont contenues les vérités qu'il lui est essentiel de connaître pendant la durée de son pélerinage terrestre. Et alors commence ce travail que nous signalions tout à l'heure, travail au moyen duquel l'esprit tend à pénétrer dans l'intimité même de l'enveloppe religieuse pour se nourrir de la moelle divine qu'elle recouvrait.

Mais là se trouve le dernier terme de développement de l'esprit. Jusqu'ici il a successivement passé par les formes ou les déterminations les plus diverses; il s'est manifesté dans plusieurs sphères; chacune des formes qu'il a revêtues s'est tour à tour absorbée dans une autre forme plus élevée. Il s'est manifesté dans la famille, dans l'État, dans l'histoire, dans l'art, dans la religion. Le moment venu, il se dégage encore de cette dernière forme, il apparaît de nouveau sous une forme plus en harmonie avec son essence propre; et cette forme, c'est la philosophie, dernier terme de ses efforts terrestres. Là, il plane au dessus de la connaissance humaine, il en rattache les unes aux autres les parties diverses. La philosophie est pour lui le centre et le lien, la raison, l'abrégé, le résumé, le miroir de la science humaine; enfin, la borne qu'il ne lui sera pas donné de dépasser.

Deux choses sont essentielles à considérer dans la philosophie de Hegel : la base et le système. La base est l'unité, une essence une, l'être, l'absolu, l'idée, la notion, tous mots synonymes dans sa langue. Le système consiste dans la loi qui unit entre elles les modifications de cette unité ; car, en vertu d'un mouvement qui lui est propre, cette unité, sortant de son repos absolu, passe par un certain nombre de transformations, de limitations, de déterminations, autres synonymes dans la même langue. La force de tête de Hegel, l'originalité de son esprit, se montrèrent surtout dans cette dernière partie de sa philosophie.

Nous l'avons dit en effet, la vraie mission de Hegel fut de restituer à la philosophie une forme scientifique. Peut-être ne fut-il pas doué à un degré fort éminent de la faculté d'invention ; peut-être n'existe-t-il qu'un nombre assez restreint de découvertes dont la gloire lui appartienne en propre. En revanche, il sut construire une multitude infinie de formules logiques ; il les enchaîna si fortement, il les déduisit si subtilement les unes des autres, qu'elles purent enlacer, enserrer le monde entier, comme un réseau d'acier. Avant Hegel, cédant au moindre souffle d'une respiration poétique, souvent assez vague, la philosophie marcha quelques instans comme au hasard, sans route certaine; les plus nobles idées, les points de vue les plus importans de la connaissance humaine n'avaient aucun centre, flottaient, pour ainsi dire, épars çà et là. Alors parut Hegel, qui de nouveau les ramena à former un tout compacte, complet, systématique. De sa main puissante, il brisa les systèmes existans, puis, de ces débris, il construisit son propre système, qu'il coula, d'un seul jet, dans le moule de bronze de son impitoyable logique; dont il lia toutes les parties par ses syllogismes de fer. En cela il rendit un service immense à la philosophie.

Après lui, autour de lui, elle continua de régner sous cette même forme. Perfectionnée dans quelques détails, elle ne reçut aucun développement nouveau. Les disciples de Hegel tentèrent de son vivant plusieurs applications particulières de ses formules. Parmi ces applications, celle de M. Ganz à l'histoire du droit de succession est surtout remarquable; nous en devons une élégante analyse à un jeune professeur du Collége de France. Mais la philosophie cessa de se développer sous sa forme propre. Après sa mort, le génie de Hegel règne encore sur ceux qui furent ses disciples ; ils se bornent à répéter en chœur la parole du maître : aucun ne se hasarde à altérer, à modifier cette parole. Il est vrai que la publication des œuvres de Hegel s'est faite et se continue avec un succès tout nouveau pour ces sortes d'entreprises ; c'est là un beau triomphe pour la mémoire du philosophe. C'est un beau monument élevé à sa gloire, mais le marbre d'un tombeau, tout magnifique qu'il soit, n'appartient pas au monde de la vie, du mouvement, du développement.

Nous avons raconté il n'y a qu'un instant les efforts de la philosophie française pour sortir des voies de l'empirisme de Locke et de Condillac. M. Royer-Collard avait donné l'impulsion. Il fut suivi dans cette voie par M. Jouffroy, puis par M. Cousin, d'abord fort enthousiaste de l'école écossaise, et se proposant d'agrandir et de développer le système de cette école. L'Allemagne était alors à peu près inconnue à la France occupée de guerre et d'intérêts politiques, bien que la France ne le fût pas à la studieuse Allemagne.

C'était donc en Allemagne que s'était passée la lutte de l'empirisme et du spiritualisme. En France, l'empirisme tombait déjà de son propre poids, il s'était comme usé de lui-même, lorsque tout à coup le spiritualisme, ayant pour organe M. Cousin, vint jeter en France un vif éclat dans les dernières années de la Restauration. Silencieux maintenant sur les bancs de la chambre des pairs, M. Cousin remuait alors puissamment la jeunesse du haut de sa chaire de Sorbonne. Il avait entrepris de raconter brièvement l'histoire de l'humanité à son nombreux auditoire. Le point de vue où il s'était placé, les solutions qu'il donnait des grandes questions ne différaient que bien peu du point de vue et des solutions du philosophe de Berlin.

Comme Hegel, le professeur de la Sorbonne voyait dans l'histoire le développement continu de l'humanité ; comme Hegel, il la divisait en époques, caractérisées par la domination de l'un des élémens de l'esprit. Les dénominations qu'il donnait à ces époques étaient analogues à celles de Hegel. Nous pourrions cependant lui objecter cette singulière dénomination, le *rapport du fini à l'infini*, sous laquelle il désigne la dernière de ces époques ; mais admettons par cette synthèse qu'il a voulu dire : il est par trop évident qu'il n'y a pas de rapport entre le fini et l'infini ; c'est même à cause de cela que l'un est le fini, l'autre l'infini. Comme Hegel, le professeur voyait encore dans les peuples les représentans d'une idée qu'ils avaient mission de manifester au monde ; et de là la nécessité du rôle historique qui leur tombait en partage. Comme Hegel, le professeur croyait que ces idées représentées par les peuples étaient en rapport nécessaire avec les lieux où vivent les peuples, c'est à dire qu'elles étaient en partie déterminées par leurs rapports avec l'espace. Comme Hegel, le professeur de la Sorbonne considérait le rôle des grands hommes comme ayant de l'analogie avec le rôle des peuples ; à ses yeux, les grands hommes étaient aussi les missionnaires et les représentans d'une idée. Repoussant les doctrines du contrat social et du xviiie siècle, le professeur voyait dans l'institution sociale, de même que le philosophe allemand, une nécessité imposée à l'homme, dont il ne lui est pas donné de s'affranchir. Les points de vue du professeur sur l'art, la religion, la philosophie sont de même analogues à ceux que nous avons naguère exposés. Comme Hegel, enfin, le professeur rejette l'hypothèse d'une religion primitive, adopte les mêmes rapports entre la philosophie et la religion, puis voit aussi dans la philosophie l'expression la plus haute et la plus élevée de l'humanité. C'est enfin du même point de vue que la philosophie de Hegel qu'il trace le plan d'une histoire universelle.

Tout en se rencontrant de la sorte avec les conséquecnes les plus essentielles de la philosophie allemande, M. Cousin avait pourtant un tout autre point de départ. Il s'était fait comme un honneur et un devoir de rester fidèle au point de départ de l'école condillacienne, je veux dire l'observation psychologique. Chose assez simple; il avait appartenu long-temps à cette école écossaise qui diffère seulement par quelques conséquences de l'école de Condillac, en admettant la même méthode. Dans la préface des fragmens imprimés en 1826 on trouve, en effet, ces mots : « Plus que jamais fidèle à la méthode psychologique, je m'y enfonçai de plus en plus. » Un des disciples de la même école, M. Damiron, dans une élégante publication disait encore en 1828 (1) : « L'opinion de M. Cousin sur la méthode n'a rien de particulier : c'est celle du monde savant, à quelques exceptions près. Il pense qu'il ne peut y avoir de psychologie, et, *par conséquent*, de philosophie, qu'au moyen de l'observation. Seulement il insiste, et avec raison, sur un point qu'on néglige trop : c'est qu'en appliquant l'observation aux phénomènes de la conscience, il ne faut pas l'appliquer à demi ou dans une vue systématique, mais avec l'impartialité et l'étendue qui conviennent à la vérité. Rien de plus sage, en effet. Ne pas tout voir quand on se met à voir, ne voir les choses qu'à la surface ou que d'un côté, c'est évidemment fausser l'observation et

---

(1) Essai sur l'*Histoire de la Philosophie en France*, au XIXe siècle, p. 327.

la réduire à une étude qui doit toujours plus ou moins altérer la réalité, la psychologie plus que toute autre science, etc. » Dans ses brillantes leçons à la Faculté, M. Cousin s'appuie sur la même base, ne change point de méthode. Veut-il rendre compte de ses travaux, il s'explique ainsi (1) : « Pour obtenir de tels résultats, qu'avons-nous fait ? Nous avons observé, décrit, compté les faits réels que nous avons trouvés dans l'ame, sans en omettre ni en supposer aucun; puis nous avons observé leurs rapports de ressemblance et de dissemblance ; enfin nous les avons classés par ces rapports. » — Il ajoute un peu plus bas (2) : « La méthode psychologique est la conquête de la philosophie elle-même ; cette méthode a déjà pris aujourd'hui et prendra chaque jour davantage un rang et une autorité incontestés dans la science. » Toutefois, il n'en demeure pas là : il veut ajouter à cette méthode la vérification par l'histoire des résultats de l'analyse psychologique.

(1) 2ᵉ leçon, p. 5. Introduction à l'*Histoire de la Philosophie*.
(2) *Id.*

La philosophie de M. Cousin se réduit, en effet, à ces deux élémens. D'une main, M. Cousin perfectionne, continue la psychologie des écoles française et écossaise, de l'autre il emprunte à l'école de Hegel ses résultats historiques. Mais quel est le lien de ces deux choses? comment sont-elles arrivées à se mêler, à se confondre sous une forme nouvelle? c'est ce que nous ne pouvons concevoir. La psychologie de l'école de Condillac ou de l'école écossaise ne saurait jamais aboutir aux points de vue de Hegel sur l'histoire, l'art, l'État, la religion, la philosophie; ces points de vue appartiennent à une ontologie tout autre que celle de ces écoles. Les opinions, les points de vue de ces écoles sur tous ces objets ont été, en effet, tout autres jusqu'à présent que ceux que nous venons d'exposer. De l'hypothèse ontologique de Hegel et de l'observation psychologique de Condillac découlent deux ordres d'idées qui partout se heurtent et se repoussent, loin de s'attirer et de se confondre. Nous ne serions point étonné que la chaleur de l'improvisation eût été pour quelque chose dans l'espèce de rapprochement, de *soudure* momentanée, qui s'est fait entre elles, dans les éloquentes paroles de M. Cousin. Tout plein d'études psychologiques, longues et sérieuses sans doute, M. Cousin fut initié plus tard, et en partie, assure-t-on, par la conversation, aux résultats principaux de la philosophie de Hegel; il en fut séduit, captivé. Avant de professer, peut-être n'avait-il pas eu le loisir de remonter, d'anneau en anneau, de conséquence en conséquence, jusqu'au premier anneau, jusqu'au principe générateur du système. Sans cette circonstance, il nous semble hors de doute que M. Cousin n'eût pas manqué de s'apercevoir combien il y avait, au fond, peu d'analogie entre sa méthode et celle de Hegel; entre son point de départ et celui de Hegel. Du moins, nous l'avouerons, l'étude attentive que nous avons faite des œuvres de M. Cousin ne nous a pas montré le chemin qui l'a mené de la psychologie de Condillac à la philosophie de l'histoire de Hegel; le procédé éclectique au moyen duquel il a uni, fondu ensemble ces choses qui nous semblent tellement distinctes, pour mieux dire tellement antipathiques, nous demeure insaisissable.

Aussi, à peine la main qui tenait en contact ces deux élémens si opposés s'est-elle retirée, que, cédant à leur antipathie réciproque, ils se sont éloignés l'un de l'autre. Un petit nombre de fidèles disciples de l'école écossaise ont continué cette école; les points de vue de Hegel ont été développés souvent avec témérité dans le domaine de l'histoire; mais ces deux ordres d'idées ont cessé de faire un corps de philosophie. La philosophie allemande a donc jeté un vif éclat dans l'enseignement de M. Cousin, mais elle n'a pas pris racine. L'éclectisme s'est brisé, et aucun autre système de philosophie n'est venu s'asseoir sur ses ruines. Toutefois, nous ne voulons parler, en ce moment, que de la philosophie sous sa forme propre. Depuis lors, des œuvres d'art, d'histoire, d'une grande portée philosophique, n'en ont pas moins paru; notre littérature, dans sa partie sérieuse, n'en a pas moins été animée d'une véritable inspiration philosophique. Mais nous ne saurions nous étendre sur ce sujet ; ce serait sortir des bornes que nous nous sommes imposées.

Il est vrai que, depuis quelques années, les préoccupations politiques ont nui et dû nuire aux études philosophiques ; en Allemagne, le contraire est arrivé. Les grandes phases du mouvement philosophique que nous venons de retracer ont été en quelque sorte parallèles à celles du mouvement politique dont l'Allemagne était le théâtre. Il en fut de même jusqu'à la mort de Hegel. D'ailleurs la philosophie de Hegel fut non seulement tout allemande, mais, pour ainsi dire toute prussienne. Bonaparte haïssait madame de Staël d'instinct ; il l'exila sans avoir de grief positif à lui reprocher, et, pour justifier cette mesure, il dit un jour : « Elle travaillait les esprits dans un sens qui ne me convenait pas. » Au sujet de Hegel, le souverain de la Prusse eût pu dire le contraire. L'enseignement de Fichte avait jeté dans les cœurs un fanatisme de liberté, une impatience de tout joug, qui furent favorables à l'autorité dans sa lutte avec l'étranger. La lutte terminée, cette même ardeur dans tous les esprits n'eût peut-être pas été sans quelques inconvéniens ; mais alors apparut la philosophie de Hegel, dont l'influence sur les esprits devait être en sens inverse.

Déjà nous avons raconté l'élan de l'Allemagne contre Napoléon, contre la domination française. Ce fut comme la condition d'une alliance entre les souverains et les peuples. Tous, unis contre l'ennemi commun, s'entendirent pendant quelques instans pour marcher dans les voies du progrès social. En face de ces idées nouvelles au nom desquelles ils étaient foulés aux pieds de nos bataillons, les peuples accoururent se réfugier avec amour à l'ombre des vieilles institutions de la patrie ; en dépit de cette magnifique prérogative d'infaillibilité dont les ont dotés les apôtres de leur souveraineté : les peuples firent-ils une faute en cela? Malgré tous les justes reproches, toutes les légitimes récriminations qui depuis 1814 ont pu être adressés aux pouvoirs existans, nous ne le pensons pas. Séparés, comme nous le sommes, par des années qui valent des siècles, de cette époque qui n'est plus que de l'histoire, pourquoi hésiterions-nous devant notre pensée? Disons-le donc : sur le champ de bataille de la Moskowa, ce ne fut peut-être pas la cause de la civilisation qui demeura victorieuse. Le trône d'Alexandre renversé, ce n'était peut-être pas seulement la liberté, c'était la civilisation tout entière qui, jusqu'à nouvel ordre, se trouvait comme exilée de l'Europe; sous la suzeraineté des maréchaux et généraux de l'empire, elle fût redevenue féodale, sans toutefois ce qu'il y eut de beau dans la féodalité, la foi, la croyance, le dévouement. Or, les peuples en eurent l'instinct aussi bien que les chefs des peuples; et de là leur alliance subitement contractée. A la vérité, nous avons vu l'Allemagne se prendre plus tard d'une grande admiration pour Napoléon : mais c'était pour Napoléon à jamais disparu de la scène du monde, c'était Napoléon apparaissant de son rocher de Sainte-Hélène en personnage historique, à travers toutes les poésies du tombeau.

Un témoignage nous semble entre tous bon à invoquer pour constater cette disposition des esprits : c'est celui de Benjamin Constant. Son livre *De l'usurpation et de l'esprit de conquête*, le meilleur et le moins connu de ses ouvrages, est le résumé et le fidèle reflet de la situation que nous venons de décrire. Ce serait le transcrire tout entier que de vouloir en citer ce qui s'y trouve de favorable aux Gouvernemens légitimes. Plus tard, il est vrai, à l'époque des Cent Jours, Benjamin Constant fit une assez brusque volte-face. Qu'importe ? La mobilité de caractère n'exclut pas la supériorité de l'esprit. Mais, quant à Hegel, il demeura fidèle à ces impressions auxquelles avait d'abord cédé Benjamin Constant. Hegel ne cessa de croire à la nécessité de placer l'initiative sociale dans la tête de la société. Il rêva constamment le développement social par voie d'évolution, non de révolution. L'intervention populaire, l'initiative venue d'en bas n'entrèrent jamais dans ses idées. De toutes ses doctrines ressort la nécessité d'un pouvoir vigoureux, éclairé, mais en même temps traditionnel. Pour les nations demeurées dans leur condition historique, le monarque lui paraît être la personnalité vivante, le moi du peuple. Et dans la constitution d'un tel peuple, l'aristocratie lui semble un élément non moins nécessaire. La Sainte-Alliance, considérée toutefois comme un accord des souverains pour pousser les peuples dans les voies de l'émancipation, en prévenant tout à la fois les révolutions et les guerres générales, n'était point en opposition avec ses idées sur l'organisation politique de l'Europe.

Pendant la vie de Hegel, cette organisation européenne ne subit pas de trop notables modifications. Le mouvement imprimé aux idées par la tribune et la presse française respecta pendant quinze années le principe traditionnel de la légitimité. Ce principe avait été intronisé de nouveau en 1815 en Espagne, en Piémont, en Hollande. C'était là le point de vue qui avait principalement préoccupé les plénipotentiaires rassemblés à Vienne. Peut-être, lui firent-ils même par trop de sacrifices. Les conspirations du Piémont furent domptées; la révolution napolitaine n'attendit pas l'arrivée d'une armée autrichienne; les mouvemens du nord de l'Italie, qui faisait bondir le cœur de

Byron, demeurèrent sans résultats ; la révolution espagnole, bien qu'à son avant-garde flottât le drapeau tricolore, se défendit à peine un instant. A cela près de quelques conspirations d'université, bientôt étouffées, l'Allemagne accepta le nouvel ordre de choses. Le roi de Hollande, que nous avons vu déployer une si indomptable fermeté, jouissait alors d'une grande popularité. Louis XVIII, après une vie passée dans l'exil, avait pu mourir sur son trône héréditaire ; c'était chose presque inouie dans l'aventureuse destinée réservée de nos jours aux races royales. La révolution grecque se passait comme dans un autre monde. La décadence de l'empire ottoman, aujourd'hui visible à tous les yeux, alors plus habilement dissimulée, ne semblait ne devoir être une cause de rupture que dans un avenir fort éloigné. L'ordre politique de l'Europe semblait donc établi sur de solides bases. Et la Prusse, assez bien partagée à l'époque de nos désastres pour ne pas vouloir tenter de si tôt des chances nouvelles, y adhérait complètement.

Or, c'est cet état de choses que réfléchissait

l'esprit de Hegel. Entre lui et le pouvoir politique de son pays, il y avait harmonie aussi bien qu'entre ce pouvoir et l'organisation politique du reste de l'Europe. Il ne serait pas sans vérité de dire que sa philosophie conduisait à une sorte de patriotisme éminemment prussien. Aussi, pour que sa destinée fût complète, il survécut à peine à l'ordre de choses que nous venons d'esquisser : il succomba quinze mois après la révolution de juillet, victime du terrible fléau qui alors ravageait l'Europe.

OUVRAGES DE HEGEL.

Système de la science, 1re partie, Phénoménologie de l'esprit. Bamberg et Wurtzbourg, 1807, in-8o. — Science de la Logique, contenant : tomes 1 et 2, la Logique objective; t. 3, la Logique subjective, sous ce titre particulier : Science de la Logique subjective, ou théorie des notions de l'entendement. Nuremberg, 1812 - 1816, in-8o. — Encyclopédie des sciences philosophiques, réduites à leurs principes généraux, etc. Heidelberg, 1817, in-8o. — Esquisse de la philosophie du droit (ou droit naturel et politique). Berlin, 1821, in-8. — Différence du système de Fichte et de celui de Schelling. Iéna, 1801, in-8o. — Le Journal critique, publié en société avec Schelling.

OEuvres complètes de Hegel, publiées à Berlin après sa mort.

CONCLUSION.

ARGUMENT.

UNITÉ DE LA PHILOSOPHIE ALLEMANDE MODERNE.

Leibnitz. — Kant. — Fichte. — Schelling. — Hegel.

RÉSUMÉ DE LEURS DOCTRINES.

Comparaison de la marche de la philosophie allemande avec celle de l'astronomie, depuis Copernic jusqu'à Laplace.

Rapport du développement philosophique avec les évènemens sociaux contemporains.

La philosophie allemande, après avoir touché à son apogée, tend à se dissoudre sous sa forme ancienne.

ANARCHIE INTELLECTUELLE.

ÉLÉMENS QUI DEVRONT ENTRER DANS LE SYSTÈME DE TOUTE PHILOSOPHIE NOUVELLE.

CONCLUSION.

Nous nous sommes efforcé, dans les pages précédentes, de montrer l'unité du mouvement philosophique de l'Allemagne moderne. On l'a vu : c'est toujours la même idée qui croît, grandit, se développe. Elle passe par cinq phases principales ; elle se manifeste tour à tour comme philosophie de Leibnitz, de Kant, de Fichte, de Schelling, de Hegel. Résumons de nouveau, mais seulement en quelques mots, ces cinq périodes ; indiquons encore une fois les circonstances sociales avec lesquelles elles ont coexisté; disons leurs points de contact avec la science étrangère. Cherchons enfin à discerner de nouveau, dans l'obscurité de l'avenir, le nouveau développement de l'idée philosophique à l'aide des élémens existans dès aujourd'hui, et qu'elle devra s'assimiler.

Leibnitz part du point de vue transcendental de Descartes. Il nie que l'expérience soit la source exclusive de la connaissance. A côté du fameux axiome : « Il n'y a rien dans l'intelligence qui n'ait été dans les sens, » il pose la restriction non moins fameuse : « Si ce n'est l'intelligence elle-même. » Il cherche la vérité en dehors et au delà des apparences ; la monadologie est le centre de son système. Cette hypothèse le conduit à chercher la vérité dans une sphère supérieure à celle des apparences sensibles de la sensation, de la connaissance empirique. Au fond de ses écrits, bien qu'il ne soit nulle part nettement bien formulé, apparaît tout un système de philosophie idéaliste. Comme nous l'avons dit, une admirable concordance se trouve, en outre, entre ses doctrines philosophiques et ses découvertes mathématiques;

les monades et les infiniment petits ont un air de famille qui dénote au premier coup d'œil une commune origine.

Dans la même voie Kant alla plus avant que Leibnitz. Si Leibnitz avait entrevu le point de vue transcendental, Kant acheva de formuler ce point de vue. De même que Descartes et Leibnitz, il prit aussi son point de départ dans la connaissance humaine ; mais il démontra, sans retour, les seules conditions au moyen desquelles cette connaissance était possible. L'intelligence et le monde extérieur, l'homme et la nature, le moi et le non-moi sont donnés, sont posés en face l'un de l'autre. Kant ne s'enquiert à leur sujet d'aucune hypothèse ontologique ; il ne se demande pas s'ils sont de même essence ou d'essence opposée ; dans la première supposition, si c'est le moi qui sort du non-moi ou bien le non-moi qui sort du moi ; il ne se demande pas si tous deux ont co-existé au sein d'une synthèse primitive. Kant se propose seulement de déterminer les rapports qu'ils ont entre eux, les conditions qui rendent possibles ces rapports, en quoi consistent ces conditions, etc., etc. Kant enseigne le chemin par où le non-moi vient aboutir au moi dans la connaissance, celui par où le moi va de son côté au non-moi; puis toutes les circonstances de cette rencontre. Il nous montre ce qui se passe à leur point de contact, ce qui dans ce contact appartient au moi, et ce qui appartient au non-moi; ce qui s'y trouve d'invariable, de nécessaire; au contraire, de variable, d'accidentel, de contingent. A tout cela se trouvent, en effet, bornés les travaux de Kant, pour celui du moins qui ne les veut considérer que dans leur généralité. A vrai dire, il ne créa pas de philosophie proprement dite, mais seulement une critique philosophique. Il introduisit dans la philosophie un certain nombre de considérations qui devaient en changer la face, qui la devaient renouveler complètement. Il ne résolut pas la grande équation livrée à notre débile algèbre; il se contenta d'introduire dans la formule de cette équation certaines quantités nouvelles, de nature à changer la solution dont la science s'était jusqu'alors contentée.

Fichte prit aussi son point de départ au

contact du moi et du non-moi, c'est à dire dans la connaissance. Comme Kant, il examine les conditions de ce contact; mais ne s'arrêtant pas là, il conclut au delà de ces conditions. A leur point de contact, le moi et le non-moi se confondent jusqu'à un certain point; ils se confondent ainsi que feraient deux corps distincts, mais pourtant adhérens par une de leurs surfaces. Or, de cette fusion, pour ainsi dire superficielle, du moi et du non-moi, Fichte en conclut leur commune identité; il admet, de plus, que le non-moi sort du moi, n'est rien autre qu'un produit de l'activité créatrice du moi; le non-moi n'est pour lui que le moi s'apparaissant sous forme objective, en raison des lois de son essence intime. Dans ce système, les conditions du contact du moi et du non-moi, les formes de la sensibilité, celles de l'entendement, demeurent d'ailleurs les mêmes que dans la doctrine de Kant; chose fort simple, Kant, ainsi que nous venons de le dire, s'étant soigneusement abstenu de toute hypothèse ontologique. La philosophie de Fichte est donc la philosophie même de Kant, mais considérée d'un point de vue purement subjectif ; ce point de vue où le monde extérieur, c'est à dire le non-moi, ne serait considéré que dans son contact avec le moi, c'est à dire avec la connaissance. C'est une tentative de philosophie idéaliste d'après le point de vue transcendental de Kant ; c'est le point de vue transcendental se développant dans le monde intellectuel, idéal.

Alors arrive Schelling, qui devait faire l'antithèse complète de Fichte. Schelling sort tout d'abord du cercle tracé par Kant. Il ne se contente pas de considérer le moi et le non-moi à leur point de contact dans la connaissance, il ne se contente pas d'analyser séparément ou simultanément ces élémens intégrans de toute connaissance, il veut remonter jusqu'à un principe supérieur à l'un et à l'autre. Sur les ailes de la spéculation, il tente de s'élever jusqu'à un principe qu'il appelle l'*absolu*, troisième terme où se confondent, suivant lui, dans une identité commune les deux termes opposés dans la connaissance ; il tente ensuite de démontrer comment tous deux s'en dégagent, pour subir l'un et l'autre un certain nombre de transformations, pour accomplir un certain nombre d'évolutions opposées et correspondantes les unes aux autres. L'ensemble des idées de Schelling constitue de la sorte un système complet de philosophie, une philosophie de l'absolu, où l'intelligence et la nature sont expliquées par la même hypothèse, leurs phénomènes enchaînés dans un même système de lois. Toutefois, si c'est là le but auquel tendit Schelling, il ne l'atteignit pas complètement. Il déposa dans les esprits le germe d'une philosophie générale de l'absolu, il leur souffla l'inspiration qui devait les y conduire; mais il ne fonda pas cette philosophie. Faut-il en accuser les défauts de sa manière qui tendait à substituer une assez vague et poétique inspiration à l'enseignement sévère et didactique de la philosophie de Kant ? Les esprits, fatigués de suivre Fichte dans son vol soutenu à travers les espaces de l'idéalisme, avaient-ils besoin de redescendre sur la terre, de se prendre de nouveau à la réalité, de se cramponner à la matière ? Nous ne savons; sans doute aussi les temps n'étaient pas venus. Quoi qu'il en soit, malgré toute sa richesse d'inspiration, ce ne fut donc pas une philosophie générale, mais une philosophie de la nature que fonda Schelling. Il fit dans le domaine de la nature ce que Fichte avait fait dans le domaine de l'intelligence. Grâce à lui, la science de la nature, du monde extérieur, du non-moi, fut organisée du point de vue transcendental de Kant.

C'est à Hegel, favorisé sans doute en cela par le bonheur des circonstances, c'est à Hegel, disons-nous, que fut donnée la gloire de fonder un système complet de philosophie. Tandis que Fichte, ainsi que nous venons de le dire, n'avait organisé que la philosophie de l'intelligence, Schelling que la philosophie de la nature, Hegel réunit en un même tout ces deux philosophies, ou ces deux portions de philosophie, en ce moment distinctes, séparées. A l'aide de puissantes formules enchaînées les unes aux autres par l'un des esprits les plus vastes, les plus subtils, les plus dialecticiens qui furent jamais, il sut systématiser de nouveau les idées, les doctrines philosophiques en ce moment séparées, pour ainsi dire éparses. Au feu puissant de sa logique il fond dans un même tout l'idéalisme, le criticisme, l'art, le naturalisme, la religion, l'État, l'histoire, que sais-je encore ? De tout cela résulta un tout compacte, sinon complètement homogène, au moins si bien lié dans toutes ses parties, qu'il serait difficile, pour mieux dire, impossible de décider s'il a été coulé d'un seul jet ou formé de pièces de rapport. Là est la gloire éternelle de Hegel. Il a remis la méthode en honneur; il a fait un tout des sciences philosophiques, il les a rassemblées dans le même cercle, il en a fait l'encyclopédie; il a fondé un système où se trouvent combinés la critique de Kant, l'idéalisme de Fichte, le naturalisme de Schelling.

Un coup d'œil jeté sur la marche de l'astronomie, à la période la plus brillante de son histoire, nous aidera à nous rendre encore plus clairement compte du mouvement de la pensée allemande pendant l'époque que nous venons de retracer.

L'idée de placer le soleil au centre du monde et de faire tourner autour de ce centre la terre et les planètes est d'une grande antiquité; mille témoignages en déposent. Au

11e siècle, l'hypothèse contraire, celle de Ptolémée, prévalait pourtant encore ; c'est d'après elle qu'étaient expliqués les phénomènes astronomiques alors connus. Mais il en arriva d'autres (les stations et rétrogradations des planètes) qu'elle était impuissante à expliquer. Alors, soudainement illuminé par un éclair de l'éternelle vérité, Copernic refusa de s'en rapporter plus longtemps aux apparences, aux témoignages de ses propres yeux ; en dépit d'eux, il conclut à l'immobilité du soleil, au mouvement de la terre sur son axe. Cette hypothèse ne changeait rien à l'état apparent des choses, au spectacle du ciel ; que ce soient les arbres qui soient en mouvement ou bien le bateau, l'effet demeure le même pour le spectateur qui se trouve dans le bateau. L'hypothèse de Copernic ne constituait pas non plus une découverte nouvelle. Copernic n'introduisait pas dans la science un élément nouveau, il opérait seulement un déplacement, une sorte de renversement dans les élemens de la science : il attribuait à la terre le mouvement attribué au soleil, au soleil l'immobilité attribuée à la terre. D'ailleurs, il ne nous apprenait rien sur la nature des mouvemens planétaires. C'est à Kepler qu'était réservée la gloire de découvrir la loi de ces mouvemens. Plus tard, Galilée en confirma la découverte, Newton en trouva la formule générale ; et de nos jours, Laplace a étendu, a perfectionné les calculs de Newton, il a achevé de leur soumettre l'immensité ; travaux immenses et divers, exécutés pourtant sous l'empire de l'hypothèse de Copernic. Sans introduire dans la science d'élément nouveau, Copernic, en la faisant seulement tourner en quelque sorte sur elle-même, mettant ici ce qui était là, là ce qui était ici, Copernic opéra donc une révolution complète dans l'astronomie.

Or, Kant a comparé souvent la révolution qu'il a faite en philosophie à celle opérée par Copernic en astronomie. Il avait en cela grandement raison. La certitude de nos connaissances empiriques avait été mise en doute dès l'origine de la philosophie grecque ; elle avait été ébranlée de nouveau par Descartes, par Mallebranche, par Spinosa, enfin plus récemment encore par Leibnitz. Journellement, en effet, de nouvelles observations étaient faites qui demeuraient insolubles à la philosophie de l'expérience. Une analyse un peu approfondie suffisait pour démontrer qu'un certain nombre de nos idées ne nous arrivaient point par nos sens : le temps, l'espace, la causalité, d'autres encore ; mais Kant résolut cette difficulté à la façon de Copernic. Copernic avait transporté à la terre le mouvement attribué au soleil ; Kant transporta à l'esprit humain lui-même ces formes, ces idées générales qu'en raison des apparences on avait attribuées jusque-là aux objets extérieurs. Lui aussi ne fit donc qu'une sorte de déplacement dans les élémens de la science : il mit ici ce qui était là, là ce qui était ici ; mais ce fut assez pour résoudre les difficultés insolubles dans l'autre point de vue, mais ce fut assez pour le renouvellement de la science tout entière. Aussi la philosophie fit-elle en Allemagne d'aussi rapides progrès qu'en avait fait l'astronomie après Copernic. Dans les mains de Fichte, de Schelling, de Hegel, la philosophie devint ce qu'avait été l'astronomie dans celles de Kepler, de Newton, de Laplace.

Pendant ce temps, il existe une inexplicable harmonie entre les diverses phases parcourues par l'idée philosophique et le milieu social au sein duquel elle se développe. Le monde intellectuel et le monde matériel ont entre eux de constans rapports; ils se réfléchissent mutuellement. On dirait parfois que leurs mouvemens divers s'exécutent par suite d'une seule et même impulsion.

Du temps de Leibnitz, la science, encore dans le sanctuaire, se mêlait moins activement que de nos jours à la vie politique des sociétés. Nous sentons cependant je ne sais quelle harmonie entre la pensée de Leibnitz et le monde germanique tel qu'alors il existait. Leibnitz dépose le germe de la philosophie nouvelle, en même temps que la Prusse, l'État moderne par excellence, se produit sur la scène du monde. La philosophie de Leibnitz est développée par Kant; la critique, qui en est le fond, est pour la première fois nettement posée. Cependant la Prusse a grandi, l'État moderne a été formé. C'est l'État tout entier sorti de l'intelligence humaine, et devant subsister par l'intervention perpétuelle de cette intelligence, dans l'indépendance absolue de la nature et de la tradition. Un moment vient où l'Allemagne est douloureusement froissée; nous la foulons aux pieds de nos bataillons, nous brisons son organisation politique : alors paraît Fichte. Dans sa philosophie Fichte exalte le sentiment de la personnalité; il intronise le moi métaphysique sur les débris de l'existence matérielle, le moi national sur les débris de la puissance politique de sa patrie. Toutefois le même héroïsme de résistance à la domination française n'avait pas été tout d'abord le partage de l'Allemagne entière : de sanglantes injures l'avaient développé plus rapidement en Prusse qu'ailleurs; l'Allemagne du midi avait montré plus de résignation. Par certains côtés de sa philosophie Schelling, correspond à cette seconde disposition des esprits. Dans ses écrits flotte je ne sais quelle vague soumission à la fatalité, qui est l'opposé du système de Fichte. Rapportant toute chose aux lois inflexibles de la nature, Schelling devait être en tout la contre-partie de Fichte rapportant toutes choses aux libres volontés du moi. Fatiguée d'innovations, l'Europe voulut un instant s'appuyer sur le passé ; elle ne voulait plus ni agitations, ni guerres, ni révolutions ; elle voulut que la société fût reconstruite avec tous ses élémens ; elle voulut le progrès par la tête de la société, à la condition que la tête de cette société eût l'intelligence du présent et de l'avenir. L'organisation politique de l'Europe, le système gouvernemental de la Prusse exprimaient cette disposition des esprits ; la philosophie de Hegel en fut une autre expression dans la sphère de l'intelligence. Entre ces choses et l'esprit de la philosophie de Hegel il y a sympathie, harmonie ; il n'y a pas jusqu'aux savantes mais arbitraires combinaisons de l'Europe, telle que nous l'avaient faite les traités de 1814, qui n'eussent quelque analogie avec les complications logiques de son système.

Il y avait une telle harmonie entre la pensée de Hegel et cet ordre de choses, que Hegel n'accepta ni ne comprit la révolution de juillet. Il en aurait dit volontiers ce que dit d'un autre événement politique un orateur de notre parlement : « C'est un effet sans cause. » Cette révolution lui apparut comme la perturbation, non comme l'accomplissement de la loi sociale; car si Hegel voulut le progrès social, il le voulut sous l'influence d'un principe historique; il le voulut sans rupture soudaine avec le passé; il le voulut à la condition d'accepter comme légitime tout ce qui était du passé, tout ce qui tenait au passé. Nous l'avons déjà dit, sa destinée personnelle fut, d'ailleurs, tellement identifiée à celle de sa philosophie, qu'il ne survécut que de peu de temps à nos évènemens de juillet. Déjà même s'était arrêté le développement philosophique, dont sa propre philosophie fut la dernière phase, la dernière expression.

A ce dernier terme de son développement, à cet apogée de sa gloire, la philosophie allemande demeurera-t-elle immobile? Nous ne le croyons pas. Dans le monde intelligible aussi bien que dans le monde visible, tout ce qui cesse de grandir tend dès ce moment à la décadence; comme toutes les créations de l'intelligence ou de la nature, les systèmes philosophiques sont soumis à cette loi fatale, irréfragable. Mais d'autres raisons, tirées de leur nature propre, seraient, au besoin, suffisantes pour nous faire adopter cette opinion.

La philosophie d'une époque doit être la forme la plus haute de l'intelligence humaine à cette époque; elle en est, s'il est permis de s'exprimer de la sorte, la formule la plus générale. Elle est comme un centre de gravité autour duquel doivent graviter tous les faits généraux de l'époque. La philosophie d'une époque est encore comme la base et le lien de toutes les idées, de toutes les connaissances de cette époque; elle doit exprimer cette époque par son côté social et par son côté politique. Quand cela n'est plus, elle a atteint le terme fatal; elle cesse de croître, de grandir, de se développer; elle ne s'assimile plus tous les faits, toutes les idées qui surgissent autour d'elle; elle subit un temps d'arrêt. Pendant quelques instants, elle perfectionne sa forme extérieure; puis commence presque immédiatement à se dissoudre, à se décomposer. Les élémens de cette philosophie ne périssent pourtant pas : ils tendent, au contraire, à se réunir, à se rapprocher encore avec de nouvelles combinaisons, pour revêtir une forme nouvelle.

Or, dès à présent, bien des faits nouveaux se manifestent qui n'ont aucune place dans la théorie de Hegel; bien des idées se montrent qui ne sont point enserrées dans ses formules, toutes vastes qu'elles soient; bien des questions sont aujourd'hui soulevées pour lesquelles elle demeure sans réponse.

Notre révolution de 1830 fit subir de notables altérations à l'organisation politique de l'Europe; la légitimité, qui en était la clef de voûte, vint se briser sur le pavé de juillet. Au bruit du canon révolutionnaire, l'Allemagne se réveilla; elle crut voir la France déborder encore une fois de l'autre côté du Rhin. La lave démocratique pouvait-elle long-temps bouillonner sur le pavé de Paris sans inonder l'Europe? L'héroïque Pologne descendit dans l'arène, adressant à l'Europe la parole du gladiateur romain : « Ceux qui vont mourir te saluent. » L'Angleterre entra dans les voies de la réforme; la vieille Espagne se précipita dans la route des innovations; l'Italie, toujours palpitante sous un joug abhorré, tressaillit sous les mains qui la tiennent terrassée; un moment on put se croire à la veille d'un bouleversement général, d'une conflagration universelle.

Alors une noble pensée, l'unité de la nationalité allemande, ce rêve si cher à la génération qui nous avait combattus, se présenta de nouveau à un grand nombre d'esprits. Au temps de Napoléon, les rois et les peuples n'avaient-ils pas également accepté cette idée comme un dogme sacré? Dans la sphère des intérêts matériels, elle est même déjà réalisée par le nouveau traité des douanes. On sait de plus jusqu'où s'étendaient autrefois dans les imaginations allemandes ces désirs de nationalité : le cœur des vieux Teutons saigne encore de la cession de l'Alsace et de la Lorraine. Le temps n'est rien pour un peuple qui vit plus volontiers dans le passé que dans le présent. Entre la France et l'Allemagne, la limite naturelle pour nous, c'est le Rhin; pour l'Allemagne, c'est la langue. Longtemps le principal grief du parti démagogique contre les gouvernemens allemands avait été la trop grande modération dont ils avaient usé, suivant lui, à notre égard, à la douloureuse époque de nos désastres. Au milieu de tant de causes de troubles et d'agitations, à la veille d'une guerre générale, à la vue de tant d'évènemens inattendus qui surgissaient de jour en jour, cette pensée de la nationalité allemande put visiter l'imagination d'un grand nombre. Seulement les évènemens au moyen desquels elle devait et pouvait se réaliser demeuraient tout à fait insaisissables. Ces idées de nationalité s'alliaient encore, chez les masses, à toutes les passions démocratiques, à toutes les idées révolutionnaires qui, à cette époque, menacèrent un moment la confédération germanique.

Si l'on suppose accomplie cette sorte de révolution extérieure, pour ainsi dire, il est probable qu'une autre sorte de révolution intérieure se manifesterait immédiatement. Il n'est pas à présumer que l'Allemagne y demeure plus étrangère que l'a été la France, que ne l'est aujourd'hui l'Angleterre. L'Allemagne répéterait donc quelques scènes du terrible drame démocratique que nous avons donné à l'Europe il y a quelque quarante ans. Mais ce n'est pas tout : après la solution de ces questions en quelque sorte uniquement politiques, après le déplacement de pouvoir qui se trouve au bout de ces sortes de révolutions, une autre question se présentera sans doute ; question qui, pour ainsi dire, dépasse les autres de toute la tête : je veux parler de la terrible question qui déjà s'est posée deux fois à Lyon sur le champ de bataille, à la face du soleil, au milieu des ruines et du sang. Probablement donc un jour arrivera où, en Allemagne comme en France, le prolétariat viendra demander droit de bourgeoisie dans la cité sociale. Du moins grand nombre de voix éloquentes s'élèvent déjà pour nous enseigner que ce sera là la grande question de ce siècle, la question européenne.

Mais la philosophie de Schelling ni celle de Hegel ne sont déjà plus qu'à demi en harmonie avec ces violens désirs de nationalité. Elles ont moins de réponse encore aux questions terribles que nous venons d'indiquer ; ces questions n'y sont du moins connues que d'une façon théorique ; tandis qu'en France elles se présentent déjà avec une effrayante et flagrante réalité. La philosophie est tenue d'en chercher la solution. Leur solution ainsi que celle des questions qui s'y rattachent constituent même, à vrai dire, la seule partie de la philosophie aujourd'hui cultivée en France; elles ont même mené à une sorte de révolution de la théorie sociale sortie de la philosophie du xviiie siècle, qui ne manque pas de quelque analogie avec la révolution opérée par Kant dans l'ensemble de la science.

Déjà nous avons eu occasion de remarquer souvent la grande popularité du Contrat social; il fut long-temps l'Évangile, le catéchisme politique du pays. La constitution de l'an III fut l'essai le plus avancé de sa réalisation. A la vérité, cette réalisation n'alla pas fort loin, les impossibilités surgirent de toute part; mais ces impossibilités ne furent jamais considérées que comme matérielles, la foi des adeptes de la philosophie du xviiie siècle n'en fut point ébranlée. Dans la hardiesse de leurs théories, ils allèrent toucher à la dernière borne de la route ouverte par Jean-Jacques, par Mably. Entendons-le surtout de ceux qui, n'étant point dans les affaires, ne se trouvèrent point gênés et empêchés par les difficultés de l'application. Les jacobins mêlés aux affaires se contentaient de réclamer l'égalité civile et politique; à côté d'eux se trouvait une autre secte qui, dédaignant ce résultat, voulait hautement l'égalité réelle, la loi agraire, etc. De là la grande association des frères du Bien commun, la conspiration dont Babeuf fut le chef et Buonarotti l'historien. Au reste, il est vrai de dire que Babeuf et Buonarotti ne faisaient que tirer fort logiquement la conclusion des prémisses posées par leurs devanciers. Mais aussi avaient-ils touché la borne; les doctrines libérales proprement dites, les théories philosophiques du xviiie siècle avaient fourni leur carrière.

Les théories sociales à qui l'avenir est réservé devront donc suivre une tout autre direction. Il suffit pour cela de jeter les yeux sur ce qui nous entoure. Le sol de la patrie est couvert de ruines; il ne reste plus rien de la vieille France, qui était pourtant encore la France d'hier, tant l'œuvre de destruction est prompte à s'accomplir. Or, les doctrines qui ont ruiné le passé ne sauraient édifier l'avenir; le mouvement de la réorganisation sociale ne saurait tourner sur le même pivot que celui de la destruction. C'est pour cela que, tandis que la philosophie du xviiie siècle donnait pour fondement à ses théories politiques la liberté, l'individualité, la démocratie, la philosophie sociale du xixe siècle donne déjà pour base aux siennes l'association, l'autorité, les hiérarchies sociales.

Sous des formes diverses ces principes se trouvent, en effet, dans tout ce qui s'écrit aujourd'hui de sérieux sur la science sociale; ils se retrouvent au fond des doctrines en apparence les plus diverses. Il est facile de les reconnaître au fond du saint-simonisme, au fond des doctrines de Fourrier, au fond de celles du parti appelé social. Il est facile de voir aussi que ces doctrines, tout en se trouvant en opposition avec les principes de la philosophie sociale du xviiie siècle, en acceptent les résultats. Elles transforment cette philosophie, précisément parce qu'elles en supposent les résultats comme déjà accomplis. Le classement par la capacité, par exemple, principe autrefois si cher au saint-simonisme, ne suppose-t-il pas l'égalité déjà existante?

Par ce côté, je veux dire par sa face sociale, la philosophie est peut-être plus avancée en France qu'en Allemagne. La raison en est simple. Dans la route des révolutions, la France a pris de beaucoup les devants sur l'Allemagne; en peu d'années, elle est allée jusqu'à la limite de ces grands évènemens dont bien des années séparent sans doute encore l'Allemagne; de même, la pensée allemande a dû leur demeurer étrangère. C'est avec toute justesse qu'un écrivain, Allemand de nation, mais qui s'adresse au public français, M. Heine a dit : « Si la philosophie de Schelling et de Hegel eût été plus répandue en France, la révolution de juillet n'eût pas été possible. » Et, en effet, à quelle condition M. Heine est-il venu se faire parmi nous l'enfant de la révolution de juillet? à la condition de rompre avec l'Allemagne et de la répudier; à la condition de jeter à pleines mains le fiel et l'ironie sur la vieille et noble Allemagne de Klopstock, de Schiller et de Kant.

Cependant aucune époque ne fut peut-être témoin d'une anarchie intellectuelle semblable à celle qui existe aujourd'hui parmi nous. Pas une idée ne rallie dix convictions; le protestantisme a depuis long-temps perdu son mouvement ; si l'on en croit un prêtre éloquent dont la voix a long-temps tonné contre l'indifférence du siècle, « le catholicisme languit et tend à s'éteindre en Europe : les peuples s'en détachent, les rois l'attaquent d'une manière ouverte ou le minent sourdement (1). » De nouveaux systèmes de philosophie, de nouvelles doctrines sociales naissent incessamment pour mourir l'instant d'après ; l'éclectisme de la restauration n'est plus qu'un souvenir tout à l'heure effacé ; la philosophie du xviiie siècle n'a plus d'autres adeptes que quelques vieillards, débris d'un temps qui n'est plus. Les doctrines économiques de Smith et de Say sont au bout de leurs conséquences ; les idées industrielles de Saint-Simon n'ont pu prendre racine dans le sol, les idées théocratiques de ses disciples encore moins. L'association de Fourier meurt dans l'isolement. Dans la politique, le vieux principe de la lé-

---

(1) M. de la Mennais, *Revue des deux Mondes*, 1er f., 1833.

gitimité a disparu de la scène ; comme Mardochée, la souveraineté du peuple s'est ensevelie dans son triomphe.

Dans la pratique des affaires, l'absence de toute doctrine sociale un tant soit peu large se montre encore mieux peut-être. Sur ce sol de l'ancien édifice balayé par l'ouragan de juillet, qu'ont fait les nouveaux architectes, sinon reconstruire, autant que possible, ce qui avait été détruit, sinon relever ce qui avait été renversé, sinon remettre en place ce qui gisait sur le sol?

C'est qu'en effet la science sociale n'est elle-même, comme nous l'avons déjà dit plusieurs fois, qu'une portion, ou, mieux encore, qu'un corollaire d'une autre science plus haute et plus élevée. Toute théorie de l'État relève nécessairement de telle ou telle philosophie.

La question de savoir ce que les hommes sont appelés à faire à l'égard les uns des autres, dans leurs rapports terrestres, suppose en effet résolues toutes ces autres questions : Qu'est-ce que l'homme ? D'où vient-il ? Où va-t-il ? A-t-il préexisté à son apparition sur la terre ? Lui survivra-t-il ? Est-il libre, ou bien soumis à une volonté étrangère? Est-il vraiment le roi, le souverain, le dominateur du monde, ou bien seulement un instrument, un esclave obéissant à des mains étrangères? En quoi consiste sa liberté morale? Est-il une limite qu'elle ne puisse franchir? L'homme est-il condamné à un état stationnaire, ou bien récompensé de ses efforts par le progrès, etc., etc.? Or, toutes ces questions sont, en définitive, du ressort de la religion et de la philosophie, et, par cela même, à l'heure qu'il est, encore indécises pour le plus grand nombre. Nous avons assisté à une sorte de brisement des doctrines anciennes. Nous les avons vues se dissoudre et se décomposer sous nos yeux. Il semble donc que l'œuvre de notre époque doive être une sorte de réorganisation, de réédification philosophique. Il est encore bien vrai qu'en tant que nation, nous sommes à ce moment de réflexion qui, chez l'individu, précède l'action; nous en sommes à nous demander ce que nous devons faire, ce qu'il est convenable d'exécuter.

La doctrine nouvelle devra résumer les doctrines qui l'ont précédée; la philosophie nouvelle devra embrasser comme autant d'élémens épars les systèmes aujourd'hui existans; en d'autres termes, elle sera donc, ou du moins devra être une sorte de vaste éclectisme.

Mais ce mot, tombé en quelque discrédit, exige peut-être une sorte d'explication. Il existe, ce nous semble, deux procédés distincts pour réunir, pour assembler en un nouveau tout des vérités empruntées à différens systèmes. Le premier consiste à réunir, à assembler, au moyen d'un lien plus ou moins artificiel, un certain nombre de faits ou d'idées; il en résultera une œuvre éclatante, brillante peut-être, mais qui n'en sera pas moins une sorte de marqueterie, dont les parties diverses, momentanément en contact, n'en demeureront pas moins essentiellemens distinctes les unes des autres. Elles ne forment pas un même tout; un choc de l'extérieur, un caprice de l'artiste qui les a créées peut les disjoindre de nouveau, et les jeter éparses sur le sol. C'est là un éclectisme de l'art. Mais dans la nutrition de la plante et des animaux, qui savent assimiler à leur propre substance les substances les plus diverses, qui savent s'en nourrir, et qui, au moyen de cette assimilation, croissent et grandissent, il y a aussi une sorte d'éclectisme. On pourrait donc compter deux sortes d'éclectismes fort différens: l'un, qu'on appellerait de juxta-position, l'autre d'assimilation (1).

Il est même vrai de dire qu'il n'y a pas au monde une seule idée philosophique vraiment grande qui ne se soit comportée de la sorte; il n'en est pas qui n'ait eu la prétention, jusqu'à un certain point réalisée, de résumer le passé, tout en se trouvant en harmonie avec l'avenir.

Il faudra donc bien qu'il en soit ainsi de la philosophie du xixe siècle, si toutefois ce siècle a une philosophie. Sa forme générale est encore inaperçue de nous, mais peut-être est-il permis de discerner dès à présent quelques

(1) On nous pardonnera d'entrer dans ces détails : il nous a paru nécessaire d'insister sur ce point. Nous avons craint qu'on ne supposât que nous proposions une réunion tout à fait arbitraire des élémens philosophiques aujourd'hui existans ; or, cela est loin de notre pensée.

uns des élémens qu'elle devra s'assimiler. Cette philosophie devra, en effet, s'assimiler : 1° les résultats réalisés de la philosophie du XVIII° iècle; 2° la philosophie allemande des cinquante dernières années; 3° les nouvelles doctrines sociales qui marquent déjà les premières années de notre siècle; 4° enfin les sciences mathématiques, révolutionnées qu'elles ont été par le calcul de Leibnitz et de Newton. Tel est le chaos des élémens divers dont nous voudrions que le génie de la France fût appelé à faire sortir une création nouvelle; alors peut-être elle aurait fait un pas dans une voie au bout de laquelle elle pourrait se ressaisir encore une fois d'une nouvelle initiative scientifique.

Loin de nous, par conséquent, la pensée que la philosophie allemande doive régner sur la France intellectuelle; la France ne saurait accepter ce joug. Par Descartes, la France peut réclamer l'initiative du grand mouvement d'idéalisme dont nous venons de tracer l'esquisse. Dans ses pages sublimes, Mallebranche acheva de développer l'idée de Descartes; les solitaires de Port-Royal, toute cette grande famille des Arnaud, des Bossuet, des Fénélon, etc., furent idéalistes. La philosophie matérialiste eut, à la vérité, un moment de triomphe au XVIIIe siècle; la France, qui à la suite de Mallebranche avait pu s'élever, sur les ailes de Platon, jusqu'aux sphères des intelligibles, la France, sur les pas de Condillac, alla se traîner dans l'ornière de Locke. De nobles et continuelles protestations s'élevèrent pourtant contre cette dégradation. Il est vrai d'ajouter que si la France avait perdu de vue, dans les sciences morales, le point de vue transcendental, qui est comme la sève de l'idéalisme allemand, elle continuait à le développer dans les sciences exactes. Le calcul infinitésimal, qui a renouvelé les sciences mathématiques, repose, en effet, sur ce point de vue; il n'est que ce point de vue transporté dans la science des quantités (1). Or, L'Hôpital, d'Alembert, l'aimable Fontenelle, Bougainville, enfin nos trois grands

---

(1) Nous comptons développer un jour ces idées, déposées dans un opuscule inédit, intitulé : *Philosophie du Calcul infinitésimal.*

mathématiciens, Lagrange, Laplace et Monge, ne cessèrent de développer et de perfectionner ces grands calculs. De nos jours, enfin, la France tend de nouveau à l'idéalisme : M. de Maistre, M. de Bonald, M. de la Mennais, ont été à diverses époques les organes de ces dispositions nouvelles de l'esprit français. M. de la Mennais nous a rudement reproché notre indifférence religieuse ; M. de Bonald, et M. de Maistre, notre compatriote intellectuel, puisqu'il écrit dans notre langue, nous ont enseigné la sainteté et la nécessité de l'histoire, première base de toute philosophie idéaliste. Nous passons sous silence grand nombre de tentatives du même genre, dont nous sommes journellement les témoins. Mais concluons par l'espérance de voir la France essayer enfin de se formuler, de se créer de ses propres mains, de tant d'élémens divers, un système nouveau qui lui appartienne en propre.

Or, la philosophie allemande doit entrer comme un élément essentiel, sinon dominant, dans ce nouveau système philosophique.

Dans cette conviction, nous avons déjà mis

à la portée du public français un des ouvrages essentiels de Fichte. Nous comptons en agir de même à l'égard de Kant, de Schelling et de Hegel; puis enfin, nous avons essayé de résumer dans le livre actuel la philosophie allemande sous sa forme propre, spéciale, technique; et en cela notre but était de mettre à la portée de toutes mains une partie des matériaux qui doivent entrer dans la construction de l'édifice philosophique de l'avenir. Puisse se présenter incessamment l'architecte qui se consacrera à cette œuvre vraiment nationale! Puisse encore le succès ne pas faillir à ses efforts, ni les talens à son dévouement à la science!

Si la tâche est difficile, nous la croyons possible. A diverses époques de notre vie, Descartes, Condillac, Saint-Simon, Hegel, de Maistre, Schelling, Kant, L'Hôpital, Lagrange ont été l'objet de nos études. Les vicissitudes, d'ailleurs fort vulgaires, d'une carrière qui nous a contraint à une vie errante ne rendaient sans doute que trop incomplètes des études si souvent interrompues; toutefois, ces doctrines diverses se liaient, presqu'à notre insu, presque contre notre volonté, dans notre esprit ; elles se raccordaient, s'aggloméraient entre elles, de manière à faire un tout pour nous indestructible. Pas un fait nouveau, pas une idée nouvelle ne se présentait à nous qui n'y trouvât place aussitôt, pour mieux dire, qui n'y eût sa place en quelque sorte marquée d'avance. Jusqu'à présent, les formules que nous nous sommes faites, par suite de ce travail, ne se sont pas encore trouvées en défaut. Quand nous nous y livrions, nous n'avions cependant aucune intention d'entrer jamais en communication littéraire avec le public ; celui qui nous l'eût prédit nous aurait probablement fort étonné. D'où viendrait ce lien ainsi établi dans notre esprit entre toutes ces idées. D'où viendrait ce rapprochement entre elles, si ce n'est que ces idées gravitent naturellement les unes vers les autres, qu'elles se touchent en définitive par un grand nombre de points, qu'elles tendent, en un mot, en vertu d'une attraction réciproque, à se confondre dans un même tout, dans un même ensemble, à former un même système.

Que nous livrions un jour au public ces

essais aujourd'hui enfouis dans notre portefeuille est chose fort incertaine.

Nous le hasarderons si ne nous consultons que l'utilité de l'entreprise; nous nous en abstiendrons si nous cédons à un sentiment trop légitime pour ne pas être profondément enraciné en nous, celui de notre propre insuffisance.

FIN DU SECOND ET DERNIER VOLUME.

NOTES.

NOTES

DU PREMIER VOLUME.

PAGE 60.

Un jour, comme il passait par la rue St-Jacques, un libraire lui présenta le *Traité de l'homme* de Descartes, qui venait de paraître. Il avait vingt-six ans, et ne connaissait Descartes que de nom et par quelques objections de ses cahiers de philosophie. Il se mit à feuilleter le livre, et fut frappé comme d'une lumière qui en sortit toute nouvelle à ses yeux. Il entrevit une science dont il n'avait point d'idée, et sentit qu'elle lui convenait. La philosophie scolastique, qu'il avait eu tout le loisir de connaître ne lui avait point fait, en faveur de la philosophie en général, l'effet de la simple vue d'un volume de Descartes ; la sympathie n'avait point joué, l'unisson n'y était point, cette philosophie ne lui avait point paru une philosophie. Il acheta le livre, le lut avec empressement, et, ce qu'on aura peut-être peine à croire, avec un tel transport, qu'il lui en prenait des battemens de cœur qui l'obligeaient quelquefois d'interrompre sa lecture. L'invisible et inutile vérité n'est pas accoutumée à trouver tant de sensibilité parmi les hommes, et les objets les plus ordinaires de leurs passions se tiendraient heureux d'y en trouver autant.

(FONTENELLE, *éloge de Mallebranche*.)

PAGE 68.

Rétablissons ce passage dans son intégrité.

« Nous devons observer exactement cette règle, de
» ne juger jamais par les sens de ce que sont les choses
» en elles-mêmes, mais seulement du rapport qu'elles
» ont avec notre corps ; parce qu'en effet ils ne nous
» sont point donnés pour connaître la vérité des
» choses en elles-mêmes, mais seulement pour la con-
» servation de notre corps. »

(*Recherche de la vérité*, liv. 1, p. 65 et 66.)

DESCARTES.

PAGE 98.

Descartes naquit en Touraine, d'une famille noble originaire de Bretagne (le 31 mars 1596). Il fut, dans son enfance, d'une constitution très faible, et il eut cela de commun avec plusieurs autres hommes de génie, comme si dans un corps débile les facultés intellectuelles avaient plus de liberté. Il fut élevé chez les jésuites au collége de La Flèche Il pensa que les voyages, en lui faisant voir un plus grand nombre d'hommes, lui fourniraient des occasions de se perfectionner dans la philosophie ; mais il voyagea en prenant le parti des armes. Il servit successivement comme volontaire dans les troupes de la Hollande et du duc de Bavière. Il était, en 1620, à la bataille de Prague. Il visita successivement la Hollande, la France, l'Italie, la Suisse, le Tyrol, Venise et Rome. Revenu de ses voyages, il jeta un coup d'œil sur les diverses professions qui occupent ordinairement les hommes ; il sentit que la seule qui lui convînt était la philosophie. Mais, craignant de n'être pas assez libre en France, il vendit une partie de son bien et se retira en Hollande. Là il se livra en paix à ses travaux, à ses méditations. En querelle, cependant, avec les théologiens de Leyde, il accepta les propositions de la reine de Suède, qui lui faisait offrir un asile à sa cour. Cette résolution lui fut funeste : le rude climat de la Suède ne pouvait lui convenir ; il fut attaqué d'une fluxion de poitrine, qui s'annonça par le délire, et mourut le 5 février 1650, âgé de 54 ans.

(Voir *Biographie universelle*.)

PAGE 99.

Spinosa (Benoît de) naquit à Amsterdam, le 24 novembre 1632. Ses parens étaient des juifs portugais, occupés de commerce. Ils lui firent apprendre l'hébreu et l'élevèrent dans leur religion. Il entreprit de lire la Bible et le Talmud. Dès lors son système prit de jour en jour plus de consistance dans son esprit. Il cessa peu à peu de fréquenter la synagogue ; bientôt il n'y mit plus les pieds ; mais il n'entra pas dans le christianisme ; cependant on le supposa. Les rabbins lui firent proposer une pension de mille florins, s'il voulait consentir à reparaître dans leur assemblée; Spinosa n'accepta pas la proposition. Il se retira à la campagne, y vivant de la vente de certains verres d'optique qu'il avait appris à fabriquer. Il consacrait le reste du temps aux méditations philosophiques. Une soupe et un pot de bière étaient, le plus souvent, la nourriture de la journée. Avec ces habitudes, on a peu de choses à démêler avec les grands de la terre. Ses maximes politiques ne plairaient pas de nos jours. Son axiome favori était celui-ci : « Chaque peuple doit garder la » forme de gouvernement sous laquelle il existe. » Les avis qu'il donne à un roi assassiné sont encore plus singuliers : « Si le nouveau roi, dit-il, veut as-» surer son trône et garantir sa vie, il faut qu'il mon-» tre tant d'ardeur pour venger la mort de son prédé-» cesseur, qu'il ne prenne plus envie à personne de » commettre un semblable forfait. Mais, pour le ven-» ger dignement, il ne suffit pas de répandre le sang » de ses sujets ; il doit approuver les maximes de celui » qu'il a remplacé, et être *aussi tyran que lui.* » Spinosa était d'une constitution délicate ; il l'avait encore affaiblie par un travail excessif. Il ne fit que languir les dernières années de sa vie, et mourut, le 21 février 1677, des suites d'une phthisie pulmonaire.

PAGE 100.

Mallebranche (Nicolas), naquit à Paris, le 6 août 1638. Il fut si faible dans son enfance, qu'il ne put suivre aucun cours public. On fut obligé de lui donner une éducation domestique. Il s'occupa d'abord d'histoire, mais ne tarda pas à se dégoûter de cette étude. Le *Traité de l'homme*, de Descartes, lui enseigna sa vocation; il fut frappé, suivant l'expression de Fontenelle, comme d'une lumière toute nouvelle. Il se livra dès lors à la métaphysique. Ses querelles avec les théologiens de l'époque sont les seuls évènemens de sa vie. Quoique d'une constitution faible, il jouit toute sa vie d'une santé assez égale. Sa conversation était citée comme agréable et intéressante; elle roulait sur les mêmes matières que ses livres. Il n'arrivait pas de personnages étrangers de quelque distinction à Paris, qui ne s'empressassent de l'aller chercher. Il reçut la visite de Jacques II. Étant tombé malade en 1715 d'une défaillance universelle, il languit pendant quatre mois, s'affaiblissant de jour en jour; il s'éteignit enfin doucement, le 13 octobre 1715.

(Voir *Biographie universelle*.)

PAGE 231.

Kant tomba précisément dans l'erreur qu'il reproche à Hume. Il ne résolut pas, avec toute la généralité dont elle est susceptible, la question de la certitude de la science, au moyen de la pure raison. Il ne se demanda pas ce que nous pouvons savoir à *priori* ; il se contenta de se demander comment étaient passibles les jugemens synthétiques sur les objets de notre connaissance. Par là il donna un rôle trop inférieur à la raison dans son système ; il la réduisit à n'être autre chose que le guide de l'expérience ; mais, qui pis est, il lui enleva toute possibilité d'une connaissance d'au delà de la raison, de par delà la raison. Aussi la philosophie critique, malgré tous les perfectionnemens qu'elle a reçus, n'en est-elle pas moins demeurée une philosophie négative ; elle est demeurée une sorte de protestantisme (ou de protestation) contre les prétentions de la raison à méconnaître, à dépasser les limites qui lui sont imposées.

(Rixner, tome iii, page 30.)

PAGE 233.

« Sur la manière dont nous apercevons. »

1°. Nos perceptions entrent dans notre ame par les sens, l'odorat, l'ouïe, le goût, le toucher et la vue. Chacun nous fait éprouver des sensations différentes, et tous nous trompent, si nous n'y prenons garde.

Une fleur croît dans mon jardin : il s'en exhale des

parties subtiles qui viennent frapper les nerfs de mon nez, et j'éprouve le sentiment que j'appelle *odeur*. Mais ce sentiment, à qui appartient-il ? A mon ame, sans doute. Le choc de quelques corps peut bien en être la cause ou l'occasion ; mais il est évident que tout le physique de ce phénomène n'a rien de commun avec le sentiment d'odeur, n'a rien qui lui ressemble, ni qui puisse lui ressembler ; car comment une perception ressemblerait-elle à un mouvement ? C'est là de quoi tous les philosophes conviennent, et de quoi conviendront tous ceux qui y auront pensé.

Je pince la corde d'un luth : elle fait des vibrations qui impriment à l'air un mouvement par lequel il frappe le tympan de mon oreille, et j'éprouve le sentiment du son. Mais qu'est-ce que le mouvement de la corde et de l'air peut avoir de commun avec le sentiment que j'éprouve ?

Je dirai la même chose du fruit que je mange : le mouvement de ses parties contre les nerfs de ma bouche ne ressemble point, assurément, au sentiment du goût.

Les sens dont nous venons de parler ne nous jettent guère dans l'erreur : ils ne trompent que le vulgaire le moins attentif, qui, sans examen, dit que l'odeur est dans la fleur, le son dans le luth, le goût dans le fruit. Mais si l'on interroge ceux-mêmes qui parlent ainsi, on verra que leurs idées ne diffèrent pas beaucoup des nôtres ; il sera facile de leur apprendre à ne pas confondre ce qui, dans ces occasions, appartient aux corps extérieurs et ce qui appartient à nous-mêmes.

Il n'en est pas ainsi des deux autres sens. Ils causent des illusions difficiles à apercevoir : je veux parler du toucher et de la vue. Ceux-ci, si nous n'y prenons garde, et si l'exemple des autres ne nous conduit, peuvent nous jeter dans de grandes erreurs.

Je touche un corps : le sentiment de *dureté* semble déjà lui appartenir plus que les sentimens d'*odeur*, de *son* et de *goût* aux objets qui les excitaient. Je le retouche encore, je le parcours de la main ; j'acquiers un sentiment qui paraît encore plus à lui : c'est le sentiment de *distance* entre ses extrémités, c'est l'*étendue*. Cependant, si je réfléchis attentivement sur ce que c'est que la dureté et l'*étendue*, je n'y trouve rien qui me fasse croire qu'elles soient d'un autre genre que l'*odeur*, le *son* et le *goût*. J'en acquiers la perception d'une manière semblable, je n'en ai pas une idée plus distincte, et rien ne me porte véritablement à croire que ce sentiment appartienne plus au corps que je touche qu'à moi-même, ni à croire qu'il ressemble au corps que je touche.

Le cinquième de mes sens paraît cependant confirmer le rapport de celui-ci. Mes yeux me font apercevoir un corps : et quoiqu'ils ne me fassent point juger de sa dureté, ils me font distinguer différentes distances entre ces limites, et me donnent le sentiment d'étendue.

Voilà toute la prérogative qu'a l'étendue sur la dureté, le goût, le son, l'odeur; c'est que la perception que j'en acquiers m'est procurée de deux manières, par deux sens différens. Pour un aveugle, ou pour celui qui manquerait du sens du tact, elle serait précisément dans le même cas que ces autres perceptions.

Cette prérogative que semble avoir la perception de l'étendue lui a cependant donné dans mon esprit une réalité qu'elle transporte aux corps extérieurs, bien plus que ne font toutes les perceptions précédentes. On en a fait la base et le fondement de toutes les autres perceptions. Ce sont toujours des parties étendues qui excitent les sentimens de l'odeur, du son, du goût, de la dureté.

Mais si l'on croit que dans cette prétendue essence des corps, dans l'étendue, il y ait plus de réalité appartenante aux corps mêmes que dans l'odeur, le son, le goût, la dureté, c'est une illusion. L'étendue, comme ces autres, n'est qu'une perception de mon ame transportée à un objet extérieur, sans qu'il y ait dans l'objet rien qui puisse ressembler à ce que mon ame aperçoit.

Les distances, qu'on suppose distinguer des différentes parties de l'étendue, n'ont donc pas une autre réalité que les différens sons de la musique, les différences qu'on aperçoit dans les odeurs, dans les saveurs et dans les différens degrés de dureté.

Ainsi, il n'est pas surprenant qu'on tombe dans de

si grands embarras, et même dans des contradictions, lorsqu'on veut distinguer et confondre l'étendue avec l'espace, lorsqu'on veut la pousser à l'infini, ou la décomposer dans ses derniers élémens.

Réfléchissant donc sur ce qu'il n'y a aucune ressemblance, aucun rapport entre nos perceptions et les objets extérieurs, on conviendra que tous ces objets ne sont que de simples phénomènes : l'étendue, que nous avons prise pour la base de tous ces objets, pour ce qui en concerne l'essence, l'étendue elle-même ne sera rien de plus qu'un phénomène.

Mais qu'est-ce qui produit ces phénomènes ? comment sont-ils aperçus ? Dire que c'est par des parties corporelles, n'est rien avancer, puisque les corps eux-mêmes ne sont que des phénomènes; il faut que nos perceptions soient causées par quelques autres êtres, qui aient une force ou une puissance pour les exciter.

Voilà où nous en sommes : nous vivons dans un monde où rien de ce que nous apercevons ne ressemble à ce que nous apercevons. Des *êtres inconnus* excitent dans notre ame tous les sentimens, toutes les perceptions qu'elle éprouve, et, sans ressembler à aucune des choses que nous apercevons, nous les représentent toutes.

11. Voilà le premier pas que m'ont fait faire mes réflexions : je vis environné d'objets dont aucun n'est tel que je me le représente. C'est ainsi que, pendant un sommeil profond, l'ame est le jouet de vains songes

qui lui représentent mille choses qui, au réveil, perdent toute leur réalité. Il faut cependant : 1° ou m'en tenir à cela, qu'il y a dans la nature des êtres imperceptibles à tous mes sens, qui ont la puissance de me représenter les objets que j'aperçois ; 2° ou que l'Être suprême me les représente, soit en excitant dans mon ame toutes les perceptions que j'ai prises pour des objets, soit en m'imprégnant de son essence, qui contient tout ce qui est apercevable; 3° ou enfin que mon ame, par sa propre nature, contient en soi toutes les perceptions successives qu'elle éprouve, indépendamment de tout autre être supposé hors d'elle.

Voilà, ce me semble, à quoi se réduisent les trois systèmes sur lesquels on a fait de si gros livres. Pour vous dire ce que je pense de chacun, il me semble que :

1°........ 2°........

(Ce que Maupertuis objecte aux deux premières opinions est peu de chose. Ce qu'il objecte à la troisième est moins encore. On en peut juger.)

3°. Enfin, réduire tout aux plus simples perceptions de mon ame; dire que son existence est telle qu'elle éprouve par elle-même une suite de modifications par lesquelles elle attribue l'existence à des êtres qui n'existent point; rester seul dans l'univers, c'est une idée bien triste.

Si l'on regarde comme une objection, contre ce dernier système, la difficulté d'assigner la cause de la succession de l'ordre des perceptions, on peut répondre que cette cause est dans la nature même de l'ame. Mais quand on dirait qu'on n'en sait rien, vous remarquerez qu'en supposant des êtres matériels, ou des êtres invisibles, pour exciter les perceptions que nous éprouvons, ou l'intuition de la substance divine, la cause de la succession et de l'ordre de nos perceptions n'en serait pas mieux connue : car, pourquoi les objets qui les excitent se trouveraient-ils prescrits dans cette suite et dans cet ordre ? ou pourquoi notre ame, en s'appliquant à la substance divine, recevrait-elle telle ou telle perception plutôt que telle ou telle autre ? etc.... »

(MAUPERTUIS, *lettre*.)

PAGE 317.

Enfin, il y a encore d'autres effets de sensibilité, auxquels on donne communément plutôt le nom de sentiment que celui de sensation, et qui, pourtant, sont bien des résultats de l'état de nos nerfs, fort analogues à tous ceux dont nous venons de faire mention; telles sont les impressions que nous éprouvons quand nous nous sentons fatigués ou dispos, engourdis ou agités, tristes ou gais. Je sais que l'on sera surpris de me voir ranger de pareils états de l'homme parmi les sensations simples, surtout les trois derniers, que l'on sera tenté de regarder plutôt comme des effets très compliqués des différentes idées qui nous occupent, et par conséquent comme des pensées, des sentimens très composés. Cependant, de même que souvent l'on se sent dans un état d'accablement et de fatigue sans avoir auparavant exécuté de grands travaux, ou que l'on éprouve un sentiment d'hilarité ou de bien-être sans un grand repos préalable, on ne peut nier qu'il arrive aussi que très souvent nous ressentons de l'agitation, de la gaîté ou de la tristesse, sans motif. J'en appelle à l'expérience de tous les hommes, et surtout de ceux qui sont délicats et mobiles. *L'état joyeux causé par une bonne nouvelle, ou par quelques verres de vin, n'est-il pas le même?* Y a-t-il de la différence entre l'agitation de la fièvre et celle de l'inquiétude? *Ne confond-on pas aisément la langueur du mal d'estomac et celle de l'affliction?* Pour moi, je sais qu'il m'est arrivé souvent de ne pouvoir discerner si le sentiment pénible que j'éprouvais était l'effet des circonstances tristes dans lesquelles j'étais, ou du *dérangement actuel de ma digestion*. D'ailleurs, lors même que ces sentimens sont l'effet de nos pensées, ils n'en sont pas moins des affections simples, qui ne sont ni des souvenirs, ni des jugemens, ni des désirs proprement dits.

Ce sont donc des produits réels de la pure sensibilité, et j'ai dû en faire mention ici ; en un mot, ce sont de vraies sensations internes comme les précédentes.

(TRACY, *Idéologie.*)

PAGE 318.

Le Mémoire de M. *de Tracy*, auquel nous empruntons cette idée, a été réimprimé il y a peu d'années ; il sera facile au lecteur de le consulter.

APPENDICE.

APPENDICE.

PRINCIPES FONDAMENTAUX

DE LA DOCTRINE DE LA SCIENCE.

---

§ Ier. PREMIER PRINCIPE, ABSOLU, INCONDITIONNEL.

Nous nous proposons de trouver un principe absolu, inconditionnel, dans la connaissance humaine. Ce principe, étant absolu, ne pourra être prouvé ni défini.

Il doit exprimer un acte que nous ne pouvons saisir parmi les modifications empiriques de la conscience, mais au contraire, les rend possibles, leur sert de base et de fondement.

1°. Chacun convient, sans difficulté, que A est A, ou bien que $A = A$; car cette dernière expression rend bien la signification de la copule logique. Il n'est besoin à personne de réflexion pour se convaincre de la certitude de cet axiome; il n'est personne qui ne l'admette sans restriction.

Si quelqu'un en demandait toutefois la preuve, il serait inutile de tenter de la lui donner; il faudrait se borner à dire que cet axiome existe, est certain, n'a pas besoin de preuve. Or, agir ainsi, c'est s'attribuer la faculté de savoir quelque chose absolument.

2°. D'ailleurs, en attribuant la certitude à l'axiome précédent, nous n'affirmons rien de A; nous ne disons pas que A est. L'axiome A est A est bien loin de vouloir dire que A est ou qu'il y a un A. (L'existence sans prédicat est bien différente de l'existence avec un prédicat.) Quand on entendrait par A un espace enfermé dans deux lignes droites, l'axiome n'en subsisterait pas moins, quoique cette autre proposition, A existe, fût évidemment fausse et absurde. Mais il n'y a pas de cas possible où si A est, il ne soit pas A. Ainsi, il ne s'agit pas de savoir si A est ou si A n'est pas ; nous n'avons pas à nous occuper de la matière de l'axiome, mais seulement de sa forme.

Cet axiome nous apprend seulement qu'il y a un rapport nécessaire entre un certain *si* et un certain *ainsi* : c'est ce rapport nécessaire qui existe absolument, sans condition. Appelons X ce rapport nécessaire.

3°. Nous ne savons encore rien de A ; nous ne savons même pas s'il existe : nous nous occupons seulement de savoir sous quelle condition A peut être.

a. Mais X est dans le moi, X est le produit du moi ; car c'est le moi qui, dans l'axiome précédent, juge, et juge d'après X ; X est une loi à laquelle il est soumis. Et comme X est placé dans le moi sans cause extérieure, comme il lui est donné absolument, il faut qu'il soit le produit du moi.

b. Comment A est-il ? c'est ce dont nous ne savons rien. Mais X exprime un rapport entre un mode d'existence de A, et un autre mode d'existence de A, résultat nécessaire du premier. Il faut donc qu'en tant que ce rapport existe, A soit posé dans le moi, soit posé par le moi.

X n'est en effet possible que par rapport à A, et X existe réellement dans le moi. Il faut donc que A soit aussi dans le moi, si X s'y trouve.

c. X se rapporte en même temps à cet A qui, dans l'axiome énoncé, tient la place du sujet logique, et à celui qui en est le prédicat; il les unit tous deux. Tous deux, en tant qu'ils sont, sont donc dans le moi. Celui qui est le prédicat sera absolument sous la seule condition que celui qui est le sujet sera. On peut donc exprimer de la manière suivante cet axiome : si A est dans le moi, il est ainsi.

4°. Relativement au moi, au moyen de X nous voyons : « Que A est absolument pour le » moi jugeant, et dans le moi par suite des pro- » pres lois de son être. » Ou bien, il est prouvé que dans le moi il y a quelque chose toujours une, la même, identique à soi-même. Et cet X peut s'exprimer ainsi : Moi $=$ A, ou bien moi suis moi.

5°. Par là nous sommes parvenus, sans l'avoir remarqué, à l'axiome je suis, au moins comme expression d'un fait. Car,

X est absolument : c'est un fait de conscience empirique. X est identique à l'axiome moi suis moi; celui-ci est donc aussi donné absolument.

Mais l'axiome moi suis moi a une tout autre signification que l'axiome A est A; car ce dernier n'a de la matière que sous certaines conditions. Si A est, il est certainement comme A; il a certainement le prédicat de A. Mais cet axiome n'affirme pas qu'il est. Mais l'axiome moi suis moi a une valeur inconditionnelle, absolue. Il a plus que la forme, il a la matière. Le moi est en lui, non pas conditionnellement, mais absolument, avec un prédicat identique à lui-même. Aussi ce dernier axiome peut-il se traduire en celui-ci : Je suis.

Cette proposition, je suis, n'est jusqu'à présent fondée que sur un fait; elle n'a d'autre valeur que celle d'un fait. L'axiome $A = A$ étant certain, ou, pour mieux dire, l'axiome X qui se trouve absolument en lui, l'autre axiome, je suis, est aussi certain. Mais c'est un fait de conscience empirique que nous sommes forcés de tenir X pour certain, et par conséquent l'axiome, je suis, sur lequel est fondé X. C'est donc un principe fondamental de la conscience empirique que le moi préexiste aux impressions du moi. (En effet, nous avons admis, il n'y a qu'un instant, que X était le fait le plus élevé de la conscience empirique, qui servait de fondement à tous les autres; or, lui-même existe dans le moi.)

6°. Retournons au point d'où nous sommes partis.

a. Le principe A = A est un jugement. Tout jugement, selon la conscience empirique, est un acte de l'esprit humain. En effet, un jugement a pour la conscience empirique tout ce qui caractérise un acte.

b. Le jugement X = je suis, le plus élevé de ceux que nous connaissons, précède et accompagne tous les actes de l'esprit humain.

c. Donc, le caractère le plus général qui accompagne toutes les manifestations de l'esprit humain est l'activité.

7°. Ainsi, lorsque le moi se pose lui-même, il fait un acte d'activité pure. Le moi se pose lui-même; par cet acte, il est par lui-même; et, réciproquement, le moi est, et il se pose par lui-même. Il est l'agent et le produit de l'acte; je suis est l'expression d'un acte.

(On demandera peut-être ce qu'était le moi

avant qu'il ne tombât dans le domaine de la conscience. La réponse est bien simple. Le moi n'était pas; car il n'était pas moi. Le moi n'est qu'autant qu'il a conscience de soi. Cette demande ne peut se faire que par suite d'une confusion entre le moi sujet, et le moi objet de la réflexion du sujet absolu. Le moi se pose; il se voit lui-même comme une représentation : c'est alors qu'il est quelque chose, un objet. La conscience est alors un substract, qu'on conçoit sous une forme matérielle. On remarque qu'il se passe en soi une certaine modification de l'être; et l'on se demande qu'était alors le moi, c'est à dire le substract de la conscience. Mais alors, sans qu'on y prenne garde, on conçoit le sujet absolu comme un substract ayant l'intuition. On ne peut penser, sans penser en même temps le moi, sans en avoir conscience; on ne peut faire abstraction de sa conscience; on ne peut, par conséquent, rien répondre à de semblables questions; car il suffit de s'entendre pour ne pas les faire.)

8°. Le moi n'est qu'autant qu'il se pose; mais il se pose lui-même comme il est: il est tel qu'il se pose, et il se pose tel qu'il est. Je ne suis que pour moi; mais pour moi je suis nécessairement.

9°. Se poser et être, en parlant du moi, sont la même chose. Le principe, je suis, parce que je me suis posé, peut donc se traduire ainsi : Je suis absolument; je suis, parce que je suis.

10°. La traduction immédiate de ce que nous venons de dire peut se résumer dans cette formule : Je suis absolument, c'est à dire je suis absolument, parce que je suis; et je suis absolument ce que je suis.

Le moi s'engendre primitivement et absolument.

―――

Nous avons pris notre point de départ dans l'axiome $A = A$, parce que nous voulions partir d'un fait donné comme certain par la conscience empirique, et non pas parce que l'axiome, je suis, pouvait en être déduit. Mais nos recherches elles-mêmes ont suffi à nous prouver que ce n'était pas l'axiome $A = A$ qui fondait ce second axiome; au contraire, qu'il était lui-même fondé sur le second.

Si dans l'axiome, je suis, on fait abstraction de son contenu, le moi, pour ne considérer que sa seule forme, on y trouvera l'induction de la loi de l'être à l'être, et l'on aura alors, comme principe fondamental de la logique, l'axiome A = A, que la doctrine de la science doit démontrer. Il est prouvé que A est A, parce que le moi, qui a posé A, est le même dans lequel A est posé. Il est prouvé encore qu'il n'est rien que ce qui est dans le moi; et, que hors du moi, il n'est rien.

Si, faisant abstraction dans tous les jugemens de ce qu'ils ont de particulier, on ne considère que les modes d'activité de l'esprit humain, on a la catégorie de la réalité. La réalité d'une chose consiste à ce qu'il soit possible de lui appliquer l'axiome A est A. Tout ce qui apparaît dans le moi, par suite de la simple apparition d'une chose dans le moi, est l'essence de cette chose.

I°.

DÉDUCTION DE LA SYNTHÈSE ABSOLUE, COMPRISE DANS L'ACTE DE CONSCIENCE.

1°. Les limites, avons-nous dit, doivent être en même temps idéales et réelles.

L'union de l'idéal et du réel n'est possible qu'au moyen d'un acte, et d'un acte absolu.

2°. Cet acte absolu est la conscience. Toute limitation doit donc être posée dans la conscience, doit être donnée par la conscience.

a. L'acte primitif de la conscience est en même temps idéal et réel. La conscience dans sa source est purement idéale; mais par cet acte le moi apparait comme réel. Dans sa propre intuition le moi est immédiat et limité. Fournir à une intuition et être, c'est une seule et même chose.

b. La limitation est posée par la conscience; elle n'a d'autre réalité que celle qui lui est donnée par la conscience. Cet acte est le premier, le plus élevé. La dogmatique considère la limitation comme le premier, la conscience comme le second. Pour concevoir ces deux actes réunis, il faut admettre que le moi = un acte auquel concourent deux activités opposées : l'une limitée, et qui, par conséquent, n'est pas limitative; l'autre limitante, et qui, par conséquent, est illimitable.

3°. Cet acte est la conscience même. En dehors de la conscience, le moi ne serait plus qu'une simple objectivité. Cet objectif est la seule chose en soi qui existe. Cet objectif suppose un non-objectif; car, sans subjectif, pas d'objectif. La conscience, en face de cet objectif, produit aussitôt le subjectif. Cette activité objective, simple et limitée, produite dans la conscience, est opposée à une activité limitative qui, par conséquent, ne peut devenir objet. Apparaître dans la conscience et être limité, c'est une seule et même chose. Il n'existe pour la conscience que ce qui est limité en moi; l'activité limitante tombe en dehors de toute conscience, par cela même qu'elle est la cause créatrice de la conscience. Cette faculté limitante paraît indépendante de moi; car je ne puis voir que mes propres limites.

4°. Cette distinction entre l'activité limitante et l'activité limitée admise, il faut remarquer que ce n'est ni l'activité limitante ni l'activité limitée que nous nommons le moi. Le moi n'existe que dans la seule conscience; mais, dans la conscience, le moi ne nous apparaît isolé ni de l'une ni de l'autre activité.

a. L'activité limitante n'apparaît pas dans la conscience, elle n'est point objet; elle est l'activité pure du sujet. Le moi de la conscience n'est pas seulement sujet, il est en même temps sujet et objet.

b. L'activité limitée est la seule qui devienne objet; elle est l'objectif dans la conscience. Mais le moi de la conscience n'est pas non plus seulement objet, il est en même temps objet et sujet.

Il y a donc une troisième activité, formée de ces deux activités, en vertu de laquelle le moi apparaît dans la conscience.

5°. Cette troisième activité, en vertu de laquelle le moi apparaît, est le moi dans la conscience de soi-même.

Le moi est donc une activité mixte ou composée; la conscience est synthétique.

6°. Pour déterminer exactement cette troisième activité synthétique, il convient de déterminer d'abord la lutte des deux activités opposées.

a. La lutte de ces deux activités opposées n'est pas le résultat d'une opposition dans leur essence, mais seulement d'une opposition dans leurs directions. En effet, ces deux activités dérivent également du moi. Le moi a une tendance à rayonner dans l'infini. Ce mouvement est centrifuge; mais il n'est tel que par opposition à un autre mouvement vers le moi considéré comme centre. Cette activité, agissant de l'extérieur, constitue l'objectif dans le moi; celle qui se dirige vers le moi n'est rien autre chose que l'effort du moi pour se contempler dans l'infini. Cet acte constitue un intérieur et un extérieur dans le moi; il en résulte une lutte dans le moi, lutte nécessaire pour que la conscience existe. Ainsi la conscience est le lieu d'une lutte entre deux activités opposées dans leur direction.

Le moi de la conscience existe au milieu de ce combat; pour mieux dire, il est lui-même le combat de ces activités opposées. Le moi ne peut avoir conscience de lui-même qu'autant que ce combat existe et se prolonge. Comment cela peut-il être?

Deux forces ou deux activités opposées s'anéantissent réciproquement. La lutte, à ce qu'il semble d'abord, ne devrait donc pas durer; il devrait en résulter une passiveté pour toute conséquence. Le moi consiste, en effet, en un effort constant pour demeurer identique à lui-même. Pourtant cette lutte doit anéantir une partie de lui-même. Aucune contradiction ne peut subsister que par un effort qui la perpétue, en même temps qui unisse les deux termes de cette contradiction. Il faut qu'il y ait un rapport entre les termes opposés de toute opposition.

Cette contradiction intime du moi ne peut cesser, sans que le moi cesse aussitôt d'exister.

Il doit pourtant persister; il persiste en effet. Il ne peut exister qu'à la condition de persister, c'est à dire d'éterniser son identité.

(Il a déjà été prouvé que l'identité de la conscience n'est pas primitive, mais seulement produite. Il n'y a de primitif que le combat des deux directions opposées du moi : l'identité en est le résultat. Primitivement, il est vrai, c'est de cette identité que nous avons conscience ; mais si nous examinons les lois de la conscience, nous ne tardons pas à nous convaincre que cette identité est conditionnelle).

L'identité du sujet et de l'objet, c'est à dire, l'identité la plus élevée dont nous puissions avoir conscience, est impossible par elle-même : elle est le résultat d'un lien entre ces deux termes. Mais puisque la conscience consiste en une duplicité de directions d'activité, il faut qu'il y ait entre ces activités une troisième activité qui participe de toutes les deux.

b. Jusqu'à présent nous avons considéré ces deux activités seulement par rapport à leurs directions ; nous n'avons pas encore pensé à découvrir si toutes deux sont ou ne sont pas infinies. Or, la lutte de ces deux activités préexiste à la conscience ; il n'y a, par conséquent, aucun motif d'en supposer l'une finie, plutôt que l'autre. Leur combat doit donc être infini. Ce combat sera une série infinie de luttes successives, non une seule lutte, un seul acte. Mais nous avons dit que l'identité de la conscience, c'est à dire le lien de cette opposition, était le résultat d'un seul acte. Il faut donc que cet acte contienne une série infinie d'autres actes : cet acte est une synthèse absolue. Mais comme il n'existe pour le moi que ce qu'il se crée lui-même, une synthèse par laquelle tout est produit ne peut être produite que par le moi.

Il s'agit maintenant de nous rendre compte comment le moi se trouve porté à cet acte absolu, et comment il est possible qu'une série infinie d'actes puisse être comprise dans un acte absolu.

Il y a dans le moi une opposition primitive ; tous deux s'anéantissent réciproquement : pourtant l'on ne peut concevoir l'un sans l'autre. Le sujet n'est que par opposition à l'objet, l'objet par opposition au sujet : aucun des deux ne peut devenir réel qu'en anéantissant l'autre. Cependant cet anéantissement ne peut jamais aller jusqu'à devenir absolu ; et il ne peut pas le devenir par cela même qu'il ne peut être lui-même que ce qu'il anéantit dans l'autre. Or, l'un ou l'autre ne peut être absolu. Il faut donc qu'un lien existe entre eux. Aucun des deux ne peut anéantir l'autre : pourtant ils ne peuvent subsister ensemble. Le combat est donc moins un combat entre deux facteurs, qu'entre l'impuissance, d'un côté, d'unir les activités infinies opposées, et de l'autre côté la nécessité de le faire, afin que l'identité de la conscience ne soit pas anéantie. C'est précisément l'opposition absolue qui se trouve entre le sujet et l'objet, qui met le moi dans la nécessité de confondre dans un même acte une série infinie d'actes. S'il n'y avait aucune opposition dans le moi, il n'y aurait en lui aucun mouvement, aucune production, et, par conséquent, aucun produit. Si cette opposition n'était pas absolue, l'activité synthétique ne serait pas non plus absolue.

7°. On peut facilement se représenter la forme de cette série de transformations successives par lesquelles passe l'antithèse absolue pour arriver à la synthèse absolue. Si nous nous représentons le moi objectif (la thèse) comme réalité absolue, ce qui lui est opposé doit être une absolue négation. Mais l'absolue réalité, précisément parce qu'elle est absolue, n'est pas réalité : les deux opposés sont, par conséquent, quant à leur opposition, de formes purement idéales. Si le moi devient réel, c'est à dire s'il se prend pour objet, la réalité doit être anéantie en lui, c'est à dire qu'il doit cesser d'être absolue réalité. De même, si les deux opposés doivent devenir réels, il doit cesser d'être une absolue négation. Si tous les deux deviennent réels, ils doivent se partager la réalité. Mais ce partage de la réalité entre tous les deux ne peut se faire qu'en vertu d'une troisième activité dans le moi, participant des deux autres; et cette troisième, à son tour, ne serait pas possible, si les deux activités opposées ne se trouvaient pas dans le moi.

Ce passage de la thèse à l'antithèse, et de l'antithèse à la thèse, est primitivement fondé sur le mécanisme de l'esprit humain; et en tant qu'il est simplement formel, qu'on y fait abstraction de ce qu'il y a de primitif et de matériel, mis au jour par la philosophie transcendentale.

TABLE DE L'OUVRAGE.

TOME Ier.

	Pages.
PRÉFACE.	1
DE L'ALLIANCE PHILOSOPHIQUE DE LA FRANCE ET DE L'ALLEMAGNE.	9
INTRODUCTION.	39
LIVRE PREMIER, *Leibnitz*.	111
LIVRE DEUXIÈME, *Kant*.	201
LIVRE TROISIÈME, *Fichte*.	311

TOME IIe.

LIVRE QUATRIÈME, *Schelling*.	3
LIVRE CINQUIÈME, *Hegel*.	113
CONCLUSION.	235
NOTES.	273
APPENDICE.	291

FIN DE LA TABLE.

www.ingramcontent.com/pod-product-compliance
Lightning Source LLC
Chambersburg PA
CBHW071830170426
43191CB00046B/798